星子县地图（1956年）

星子历史文化丛书

孔祥金 著

星子史话

江西人民出版社
Jiangxi People's Publishing House
全国百佳出版社

星子历史文化丛书
编纂委员会

顾　问：胡振鹏

主　任：余松生

副主任：欧阳森林　景艳金

委　员（按姓氏笔画为序）：

　　　　王忠芳　余松生　陈则仁　欧阳森林

　　　　罗　环　查筱英　徐　萌　景艳金

主　编：景玉川

编委会成员合影（2018年6月）

左起：查筱英、罗环、景艳金、余松生、欧阳森林、王忠芳、陈则仁、徐萌

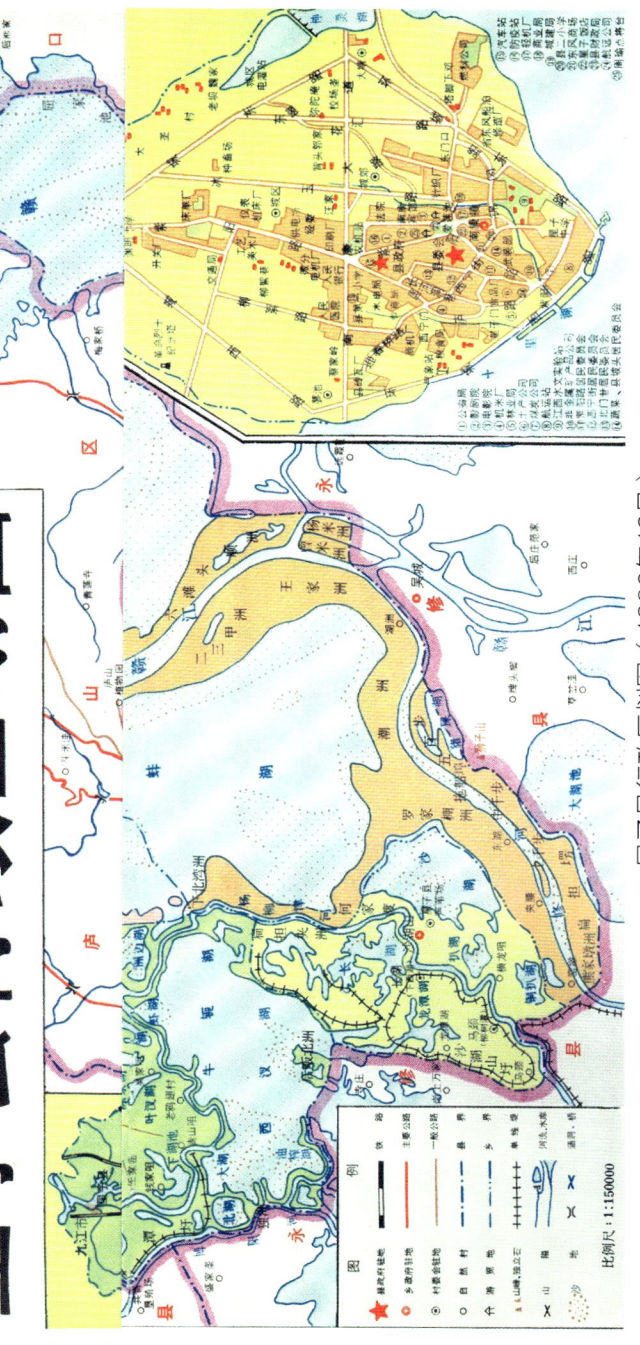

星子县行政区划图（1986年12月）

总序

匡庐之南,彭蠡之滨,是我的故乡星子县。

"庐山之美在山南。"上初中时读王勃的《滕王阁序》,我对之就有所领悟。少时见识少,何以能对此文心领神会?实因王勃所描绘的,就是我家乡的山光水色。

王勃状景抒情,其文如一幅绝妙的"湖山胜景图"。他从大处着眼,写滕王阁所处的鄱阳湖和庐山风景:"遥襟俯畅""逸兴遄飞",以其特有之想象力,高瞻远瞩,不限于他在南昌赣江畔的所见所闻。细察实景,王勃所描绘的景色,唯庐山脚下、鄱阳湖岸边的星子县具备。试看:"潦水尽而寒潭清,烟光凝而暮山紫""层峦耸翠,上出重霄""落霞与孤鹜齐飞,秋水共长天一色""渔舟唱晚,响穷彭蠡之滨;雁阵惊寒,声断衡阳之浦",能切合这妙文的,家乡星子当之无愧。

星子山川灵秀,自古以来名流墨客,或来此为官作宰,或过访游览,不可胜数。星子素称"名贤过化"之地:陶渊明在这里躬耕隐居;李白、苏东坡来此吟诗咏词;佛印在此修行礼佛;周敦颐在此凿池种莲;朱熹来此开民智、办书院;王阳明在此勒石记功……这些文人雅士,或教化一方,或咏唱山水,其所作所为、所记所述,使星子人文昌盛,文化气息厚重。

今欣逢盛世,国家正大力加强社会主义文化建设。为了弘扬中华优秀传统文化,阐述优秀传统文化的时代价值,星子县一些文史研究工作者商议编写一部"山南历史文化丛书",以发掘家乡被岁月湮没的历史文化。丛书分官宦人物、风俗民情、诗文碑刻、村镇寺院等数集,将正史、方志所不载或未能细述之史事尽收书中。2016年5月,星子县与庐山合并,原定的"山南历史文化丛书"遂改名为"星子历史文化丛书"。

从2015年到2018年,数年时间内,作者们爬梳旧典,探幽发微,搜集、调查、整理,经过艰辛努力,克服重重困难,终于完成书稿。作者们将故园之思、家国之情融入书中,他们不辞辛苦、不计报酬、乐于奉献的精神,值得赞许。

为了使书稿顺利出版,北京景天国际旅游开发有限公司总经理景艳金先生慷慨解囊,鼎力相助。但愿有更多像景艳金先生这样不乏文化视野的企业家投身于家乡的文化事业。

今书稿已成,即将付梓,这是家乡文化史上一件盛事。相信此书出版发行后,将流传久远,足慰编者初心,长供后人查考。对传承优秀历史文化,自有积极意义。可喜,可赞,可贺!

值此丛书即将出版之际,我不揣文陋笔拙,撰此短文,聊以为序,并赋小诗一首,以志庆贺:

故土长牵家国情,
吾乡秀色自天成。
名贤过化千秋事,
入卷堪添史上声。

余松生
戊戌四月(2018年5月)

(余松生,江西星子县人,曾任中共九江市委副书记、市纪委书记)

序

欣闻本邑文人贤达编著"星子历史文化丛书",主编要我为孔祥金先生所撰《星子史话》作序,既感荣幸,更觉惶恐。荣幸的是:可发乎思乡之情,也可算是为之添一砖瓦;惶恐的是:深知才不能逮,与孔兄皇皇高论而言,我只能准备挨板砖罢!

还是先说说家乡星子吧。

对像我这样的年纪,又在外工作生活多年的人来说,应该都有较深的星子情结吧?反正我是每次填这样那样的表格时,籍贯那一栏总是固执地写上"星子"。星子,据载因境内有落星石而得名,故我辈常自许为星之子,也由是而生出些许浪漫和自豪。现如今星子之名于我是渐行渐远了,星子当年由镇而县而军,现在则又回归镇的称谓,这显然不是沧海桑田,难道是轮回宿命?县也好、镇也罢,不知还能望得见多少青山、看得见多少绿水、留得下多少乡愁?

再说说作者孔祥金先生吧。

我认识孔兄祥金,算来有三十个年头了。我们在市、县一条战壕里共事多年,那时我们都还年轻,他是我学长。在我印象里,用"四平八稳"这个词形容他可谓再合适不过了:四平八稳的国字脸、四平八稳的身板步态、四平八稳的遣词用句……当然还有四平八稳的事业成就。及至看了他的《星子史话》,其清新之文笔、翔实之史料、奔涌之才情,这种四平八稳的固化印象被彻底颠覆了,使我为之叹服了!友人告诉我,孔兄执笔撰《星子史话》,不说当仁不让,还真大有渊源:史载,星子县的设立与孔宜有关。孔宜,山东曲阜人,为孔子第四十四代嫡传长孙。宋太平兴国元年(976年),孔宜被任命为司农寺丞,掌管江州德化星子市征。可知,彼时星子尚属德化县下辖之镇。孔宜到任即踏勘星子山川形势,旋向朝廷上奏:"星子当江湖之会,商贾所集,请建为军。"但朝议认为此地"地狭人稀"仅批准升镇为县。太平兴国三年(978年)星子县设立(后又在此设南康军),孔宜为第一任知县。我没有问过或考证过祥金是否孔宜后裔,但孔宜当为星子过化之真儒。因之,祥金述史,义也、责也、缘也!

"文章,经国之大业,不朽之盛事。"《星子史话》即将付梓,谨以此数语感佩各位乡贤! 点赞孔兄祥金!

陈则仁
2018年6月于九江

(陈则仁,江西星子县人,中共九江市委宣传部常务副部长)

凡　例

一、本丛书坚持实事求是地记述有关星子县的历史与文化。

二、丛书记事上自北宋太平兴国三年(978年)星子立县，下至2016年星子县与庐山合并，成立庐山市。

三、由于行政区域常有变化，除《战事纪略》与《摩崖碑刻》外，本丛书所述地域历史以中华人民共和国成立后最早的行政区域为本。

四、丛书保留原资料所载及当地习惯使用的计量单位斤、亩、里、公里等。

五、丛书中民国以前的纪年均用历史纪年，并在括号内注明公元纪年，民国及中华人民共和国成立后一律用公元纪年。

六、丛书所采用各种资料来源于档案馆档案、历代史志、谱牒、报刊、专著，以及有关人士回忆资料。为节省篇幅，未一一注明出处。

目 录

总　序
序
凡　例

一、从名山大川中寻找星子历史轨迹／1
　（一）独特的县名 ·· 2
　（二）奇特的地理 ·· 8
　（三）历史的烽烟 ·· 14

二、从名胜古迹中了解星子美丽山川／18
　（一）代代有遗迹 ·· 19
　（二）处处皆风景 ·· 37

三、从名流遗踪中认识星子历代名人／62
　（一）人杰地灵 ·· 62
　（二）名贤过化 ·· 70
　（三）雁过留声 ·· 79

四、从名刹道院中领悟星子多元文化 / 116
(一)千古名寺 …………………………… 116
(二)道教祖庭 …………………………… 125
(三)书院风采 …………………………… 130

五、从名家作品中探寻星子文化积淀 / 133
(一)中国山水散文的发轫之一 …………… 133
(二)中国山水田园诗的摇篮 ……………… 134

六、从名产技艺中欣赏星子地方艺术 / 164
(一)文房瑰宝 …………………………… 164
(二)传统戏剧 …………………………… 165
(三)镌石技艺 …………………………… 165

参考资料

后　记

跋

一、从名山大川中寻找星子历史轨迹

星子,地处赣北,依山傍水,仿佛镶嵌在名山大川中的一颗明珠,与她独特的名字一样,风流千载,熠熠生辉。

查阅中国地图,很容易就能发现中国第一大淡水湖——鄱阳湖的身影。

鄱阳湖古称彭蠡泽。《汉书·地理志》"豫章郡彭泽"条载:"彭蠡泽在西。"古书又云:"彭者,大也;蠡者,瓠瓢也。"以前用葫芦做瓢,鄱阳湖形似葫芦,古人用形象思维,将鄱阳湖比作一只大葫芦瓢。

将目光上移,可见大葫芦结在中国最大的一根"常春藤"、世界第三大河——长江腰间。湖口县似端踞葫芦口,星子县则扼守在葫芦脖颈处。这独特的地理位置,非常醒目,即使地图上未标名,人们一眼也能判断出星子在中国地图的准确位置。

在庐山和鄱阳湖之间寻找,倚山拥湖的星子县,其历史脉络特别引人注目。

(一) 独特的县名

1. 地名由来

星子不但地理位置特殊,县名也很特殊——星之子。她来源于一个古老的传说——落星石。在常人眼里,落星石不过是坐落在星子县城南面湖湾中的一座小岛。鄱阳湖上像这样的小岛比比皆是,独落星石自古有名。在中国乃至世界最早的一部水文地理专著——北魏郦道元所著《水经注》里有这样描述:

落星石,周回百余步,高五丈,上生竹木,传曰有星坠此以名焉。

传说是天上的星星坠落于此,因以得名。旧志载:

南唐,杨吴以庐山南立星子镇,属江州。因石浮湖面如星,故名。

星子之名由此而来。一个传说形成一处名胜,一个传奇造就一个县名,国内罕见。

当地人称落星石为落星墩,因形赋名。唐末昭宗乾宁年间(894—898年)皇帝下旨在落星墩上建禅寺,并赐额"福星龙安院",又名"法安寺",民间通称"落星寺"。上面还建有清晖阁、玉京轩等。杨吴大和三年(931年),被封为"宝石山"。落星墩对面有座小山被称作流星山,四面环水。古人认为流星山形如凤凰,涨水之际,湖面上波浪涌动,远眺似凤凰振翅。凤凰是祥瑞,兆示有福降临。福从何来?于是改称落星墩为德星山,流星山为福星山,寓意有德才有福。此意取自孔子之说:"为政以

德,辟如北辰,居其中而众星拱之。"(《论语》)

天降吉星,星耀鄱湖,自然引来无数文人墨客登临览胜,挥毫题咏,其中名人不计其数。如唐李白,南唐中主李璟,宋范仲淹、欧阳修、王安石、黄庭坚、朱熹、陆九渊,明李梦阳、王守仁、翁方纲,等等。李白有诗:"楼船若鲸飞,波荡落星湾。"

古代受科学知识所限,落星之谜一直未解。到了一千多年后,才弄明落星石身世。1959年8月,中共中央在庐山召开会议。休会期间,时任国家主席的刘少奇在江西省委书记方志纯(方志敏烈士弟弟)陪同下,到星子故地重游,寻访故交。原来,在1927年大革命失败后,刘少奇到庐山养病。因汪精卫、唐生智等国民党要员来庐山开会,刘少奇便先后转移到五老峰下海会寺和白鹿洞书院,后又住到星子县城一位工友家里。三十二年过去,当年的湖北省总工会秘书长刘少奇,已经是中华人民共和国主席……参观了海会寺和白鹿洞书院,刘少奇不顾天气炎热,又马不停蹄地赶往星子县城,去寻访当年掩护和照顾过他的工友。午餐后,县委来人告之没有找到人。刘主席感到很遗憾,又不甘心,手一挥说:走,看看去。

到了县城东边一条弄堂里,少奇同志指着一栋房子说:老周家好像就是这个房子,我当时就住在这里,你们以后再找找他吧!他又告诉身边人员,这个周姓工人早年在武汉做工,是共产党员,大革命失败后,回老家星子,做笔墨的小生意。返回路上,刘少奇嘱咐方志纯,让他们帮助继续寻找当年照顾他的工友,如果生活上有什么困难,便给予适当的照顾。

此行刘少奇又问方志纯:星子县名很独特,有什么来历?

方志纯回答：据说，很久很久以前，天上掉下一块石头在这个县旁边的湖里，所以叫星子县。刘少奇主席兴致勃勃地问道：是天上掉下来的石头吗？那就是陨石了。这石头还在不在？方志纯回答：在，就在县城西头的湖里，看得到。

在方志纯带领下，刘少奇一行看了被称为陨石的落星石，刘少奇表示回京后会派人来看看。回北京后，他果真派专家来进行考察。原来，落星石不是来自天上，而是来自地上。它是远古燕山造山运动所形成的，原本与庐山南麓的东牯山相连，由于冰川的切割和湖水的长期浸蚀，渐渐成为孤立湖中的小岛。人们惊诧于她的神奇，又不知是何缘由，就认为是从天上掉下的星星。

（注：有关少奇同志星子之行，援引《人民日报》1980年5月16日刊载方志纯所撰《难忘的一天》）

2. 建置沿革

早在远古的夏、商、周三朝，星子属扬州。

春秋早期，周景王九年（前536年），星子地域逐渐为楚国所有。周敬王十四年（前506年），星子归属吴国。周元王四年（前472年），越王勾践灭吴，星子又归属越国。战国时，周显王三十五年（前334年）楚威王熊商打败越国，次年收复被吴国占去的全部土地，星子属楚。人们常说星子属"吴头楚尾"，就因于此。

秦始皇统一中国后推行郡县制，共设立三十六郡，星子归九江郡管辖。

汉朝，星子属彭泽县，隶属豫章郡（星子属于彭泽县一说，缘旧志所载,惜未有详证。清同治《星子县志》已存疑,待考——笔者注)。从西汉至唐朝的近一千年时间内,星子依次归豫章、柴桑、武昌、浔阳、江州、九江等郡、县管辖。唐朝中后期,星子属德化县(今九江市浔阳区、濂溪区、柴桑区地域)。

五代十国时期杨吴大和年间(929—935年),因为星子地处吴国边界,是一处军事重地,吴国遂在星子立镇,并屯兵驻守,位置就在今天的星子县城,仍归德化县。星子从此成了一级行政单位,这也为后来孔宜提议设立更高级别的行政单位打下了基础。

宋太平兴国三年(978年),星子镇市征(官职)孔宜上表朝廷,言"江右初平,星子据江湖之要,宜设军治以镇之"。请升星子镇为军(同府治)。朝廷准设县治,孔宜就任星子首任知县。

宋太平兴国六年(981年),相国张齐贤《转漕江表》"以其地……军实万艘,浮江而下……请致其邑为军"。宋太宗以"南方之俗,其在康哉"之由,赐名"南康军"。太平兴国七年(982年),朝廷在星子设南康军,隶属江南路,辖星子、都昌、建昌(今永修)等县,形成了后来星子人常说的一句俗语——一府管三县。南康军第一任知军为张南。宋天禧四年(1020年),江南路分东西两路,南康军属江南东路。"昔人因匡续姓呼为匡山,宋人避太祖讳更名康山,今仍称为庐山。"(清同治《南康府志》)匡续即指远古时期隐居庐山的匡俗兄弟,因宋太祖名号匡胤,避匡字讳,取谐音康。南康即康山之南,又寓意南方康宁,故称,与赣南南康县无关。星子县和南康军这两个名称,一个承接天庭,一个回避皇帝。

　　星子在设县之后的近千年历史岁月中,均是军(府)县两级行政机构并存于一城。历代知军、知府、知县之中,不乏博学鸿儒,特别是先后出任南康知军的两位大师级人物——周敦颐、朱熹,因为他们在南康军任上的影响,星子县形成了浓厚的文化风气,不但民风淳朴,且崇文尚德、诗礼传家。以前星子县城有一座牌坊,上面所书"真儒过化"四字,据说是明成祖朱棣(永乐皇帝)所赐。此牌坊已毁于"文化大革命"。

　　元至元十四年(1277年),南康军改名南康路,设总管府,隶属江淮行省。至元二十二年(1285年)又改归江西行中书省。元至正二十一年(1361年),朱元璋西征进入江西,将南康路改为西宁府。

　　明洪武九年(1376年)改名南康府,隶属江西布政司。明正德十二年(1517年),从建昌县分出五个乡设立安义县,仍然归南康府管辖,形成一府管四县的格局。

　　清雍正九年(1731年),南康府属广饶南九道。

　　自北宋立县始,至民国三年(1914年),星子均属南康。南康军、路、府治均设星子县。南康军(府)延续近千年(计932年),直至民国三年(1914年)废除南康府,府县千年同处、同城。

　　民国元年(1912年),废星子县知县职。次年公布省、道、县官制,县设知事,星子县首任知事为清末知县汪知本。民国十三年(1924年),北伐军占领江西后,星子县始设县长职,由国民党省政府派定。

民国三年(1914年),全省被划为四道,星子县划归浔阳道。民国十五年(1926年),废道,星子县直接隶属江西省。民国二十一年(1932年),江西被划为十三个行政区,星子属第三行政区(区驻地瑞昌)。民国二十四年(1935年),星子被划归第五行政区(区驻地浮梁)。民国二十八年(1939年),因赣北多为日军占据,省政府为便于管理,将十三个行政区减至十一个行政区,星子被划归第九行政区(专署驻岷山)。其间流亡县政府一度驻波阳、都昌等地。民国三十一年(1942年),星子仍属第九区(专署驻武宁)。

1949年4月23日,中国人民解放军百万雄师过大江,突破国民党长江防线。九江被解放后,国民党星子县政府官吏四散而逃。5月16日,中国人民解放军第四野战军第一二九师指战员进驻星子县城。星子,翻开新的历史篇章。

6月中旬,中国共产党南下工作团九江大队派出工作队接管星子。6月14日,成立星子军事管制委员会,主任方言,副主任常流。7月,撤销军事管制委员会,成立中国共产党星子县委员会,方言任书记。8月21日,星子县人民政府成立,常流为新政府第一任县长,后兼任星子中学校长。

中华人民共和国成立后,星子县归九江专区(地区)管辖,直至1983年地市合并,实行市管县,星子县直属九江市。

1949年后,庐山牯岭镇附近海拔800米以上范围归庐山管理局管辖,其余则归九江、星子两县管辖,其中大部分区域划为星子县管辖。1956年4月25日,横塘区大湖乡和五星乡七选区、茅桥乡四选区划归德安县管辖。1957年12月13日,海会区(海会、高垅)划归庐山管理局。20世纪60年代,西南的金湖公社划归德安县(今属共青城市)。1969年,东风公社(今海会镇)划回星子管辖。1971年4月,仍划归庐山管理局。

2016年5月12日,《江西省人民政府关于调整九江市部分行政区划的通知》,决定撤销星子县,设立县级庐山市,将九江市庐山区牯岭镇、海会镇划归庐山市管辖。以原星子县和原庐山区牯岭镇、海会镇的行政区域为庐山市的行政区域,庐山市人民政府驻南康镇紫阳南路45号(原星子县政府驻地——笔者注)。庐山市由省直辖,九江市代管。并将原属星子县管辖的苏家垱、泽泉两个乡整体划归共青城市。

(二)奇特的地理

星子县虽为弹丸之地,但其地理特征却非常复杂。既有高山峻岭,也有洋洋平津;既有沙漠,又有草原;甘洌的山泉与蒸腾的温泉在此相遇,肥沃的水田和旱地错综接壤,农产与矿产品种丰富……

1. 地理概况

"鄱湖苍茫庐山碧,湖山之间一县立。"江西省人民政府原省长邵式平同志在视察星子时所作《渔家傲·星子》一词中的开篇两句,即对星子地域地理做了高度概括。邵式平是星子女婿,其夫人胡德兰是星子蛟塘人。旧志云:"星子为南康附郭,邑北与浔阳错壤,而庐阜介其中,襟江流而带蠡湖,实吴楚分域。"又记:"星石浮南,鞋山锁北,山泽雄奇,带砺险固,实为江右之门户云。"

因为府县同城,以府为重,以县为附。县域北界与九江市区(古浔阳)接壤,庐山介于星子县与九江市区之间。县域均在鄱阳湖西岸,东与都昌县隔湖相望,南与永修县(古建昌)、西南与德安县、西北与柴桑区(古德化)相接。鄱阳湖五大水系皆流经星子县域,同时这也是五大水系之一、江西第一大河——赣江流入长江的必经之路,故而星子才有"襟江流而带蠡湖""江右之门户"之说。

庐山市建市前,县域东西宽35公里,南北长52公里,总面积894平方公里。

星子整个县域东南濒临鄱阳湖,西北依接庐山,西北高,东南低,大致呈南北走向。据地质学家考证,前震旦纪,庐山地区处于浅海环境。中生代燕山运动之后,庐山东南断裂,裂迹处两侧下陷,沿断面形成峭壁,山体成为地垒式断块凸起,岩浆沿断裂带冒出,生成伟晶花岗岩,并伴有温泉涌出;峭壁以东为湖盆、丘陵,形成地堑式断陷盆地。第三纪晚期,湖盆再度下陷,形成古彭蠡泽及宫亭湖(即县城东面湖域)。新生代喜山运动后,庐山剧烈升高,彭蠡泽下沉,古鄡(音"敲")阳平原,今左蠡、扬澜至都昌、鄱阳一带水域亦迅速下沉,生成鄱阳湖。

星子处于庐山隆起与鄱阳湖下陷两个地质构造之间的过渡地带,在庐山东南面。整个县域地形自高向低、由北向南依次呈台阶状。西北为断块山,中部为庐山余脉及丘陵,东南部滨湖区为湖洲草滩及湖岸平原。断层南端,从含鄱口经詹家岩到归宗、温泉一线,称东侧大断裂;从山上仰天坪向西南经庐山垅(康王谷)至隘口西面观音塘,称西侧大断裂。两条大断裂由高而低形成延绵起伏的山峰,在星子西北面形成一道天然屏障;海拔千米以上的山峰有10座,最高峰为庐山主峰汉阳峰,海拔1475米。山脉延绵至华林、横塘后,与丘陵地带相接,进入滨湖地区。

赣西北幕阜山余脉延伸入境,形成庐山。自庐山主峰汉阳峰向东北,群峰滴翠,重峦叠嶂,大部分涧水汇入庐山第二大峡谷——栖贤谷,经三峡涧流入鄱阳湖。汉阳峰西南,奇峰秀岭绵延10余公里,形成庐山第一大峡谷——康王谷(庐山垅)。被茶圣陆羽品为"天下第一泉"的谷帘泉,自谷底蜿蜒流淌,在两侧群峰的簇拥下,出谷口(观口),经柴桑区马回岭地界,注入博阳河上游,流经德安县乌石门,进入博阳河主航道,在星子县苏家垱乡土牛嘴与杨柳津河汇合,融入鄱阳湖。群峰之外,庐山南麓,分布着玉京山、东牯山、华林山、黄龙山、箬岭、髻山、沙山等,各自独立,各有特色,构成狭长的丘陵地带。

星子湖岸线迂回、绵长,顺鄱阳湖水流而下,自西南、南面、东南,经县城而至东北面,长约200公里,占县界3/5。区域内地表形态多样,主要由山地—丘陵—湖滨组成。

流入星子境内的河流,主要有江西省五大水系——赣江、抚河、饶河、信江、修河。这五条河流或远或近,最后在星子县与都昌县交界处老爷庙水域汇合,古称"江湖之会"。

2. 矿产特产

庐山给了星子多种矿产和植物,鄱阳湖为星子提供丰富的水产。

星子主要矿产有花岗石、青石(瓦板岩)、长石、瓷土(高岭土)、型砂等,其中尤以石材最为著名。

花岗石俗称麻石,因其灰白石身布有芝麻碎粒样黑色纹点,又称芝麻白。其质坚硬,纹点均匀,是花岗石中上品,主要用于雕刻和建筑。矿藏在东、西古山。隘口镇有黑色花岗石,原名辉绿岩,开采量不大。

瓦板岩因其石呈青色,当地贯称青石。开采始于宋代。其石如板重叠,缘纹路凿开,成板块状,多用于建筑。部分青石因其身含金色点纹,可作为制砚材料,产品名"金星砚"。明清时星子县城曾有制砚一条街——砚池街。其镌刻工艺近年列入"国家级非物质文化遗产传承技艺"名录。矿藏在横塘、华林两地。

瓷土学名高岭土,用于制瓷,故名。其开采始于清朝中晚期,至今已有200余年历史,历来为瓷都景德镇日用陶瓷生产瓷器胚胎主要原料供应地,占该品种高岭土总需求量的70%左右,精矿品位达到国家二类高岭土一级质量标准。矿藏主要分布在东牯山—玉京山一线山体混合黑云母花岗石的外带,东部为海会—大排岭高岭土,中部为五里高岭土,西部为华林、板桥山、张家畈、赵家坳等高岭土。

另有湖砂,多用于建筑,矿藏在沿湖;石英,加工成石英砂,用于铸造,矿藏在华林;长石,为瓷都景德镇烧瓷原料,矿藏在庐山南麓温泉一带;石灰石,用作生产水泥,矿藏在白鹿镇。

云母,是云母族矿物的统称,是一种造岩矿物,呈现为六方形片状晶体。其特性是绝缘、耐高温,可作工业原料。云母在古代为药用材料,古人认为其味甘、性平,具有祛除风邪、充实五脏、增加生育能力、明目等功效,久服身体轻便灵巧,延长寿命。星子云母开采利用历史悠久,古已有名,如李白《送内寻庐山女道士李腾空二首》诗:"水春云母碓,风扫石楠花。"日寇侵占星子期间,曾进行大规模掠夺性开采,导致矿藏逐渐枯竭。

星子濒临中国第一大淡水湖——鄱阳湖,得天独厚,渔业资源丰富。

鄱阳湖丰水期湖面达3960平方公里,星子所辖面积约占鄱阳湖总面积的5%,沿湖民众自古就有以捕鱼为业者,为著名的产鱼之地,称"鱼米之乡"。

境内江河湖泊,盛产鱼、虾、水禽和水生植物。鱼类分为山溪性、半洄游性、咸淡水洄游性、鄱阳湖定居性四种类型,有25科118种;水生植物有藕、菱角、蒿笋、芡实等。

野生动物和植物资源丰富。鄱阳湖枯水期形成大面积滩涂,适合越冬候鸟栖息。靠庐山山涧出产石鱼、石鸡(蛙类),山崖上产石耳,俗称"庐山三石"。野生药材有丹参、肉桂、茯苓、蔓荆籽等千余种。

星子因庐山之故,有不少古树名木、奇花异草。其中万杉坞詹家岩村后一株罗汉松,树高约20米,树围1.8米,树冠遮阴面积400多平方米,树龄1500多年,经专家确认为中国之最。

3.交通

古时陆路交通以驿道为主,遇水则设津渡、架桥梁。

驿道设有驿站(铺),总站(铺)设在南康府衙前。星子古时有两条驿道,一条出县城向西南,沿庐山南麓往德安县方向,共设五个驿站(铺);另一条出县城向西北往德化县界,共设四个驿站(铺)。每站(铺)均建三进房屋,两边各设厢房,四周筑以围墙,大门外张挂门牌,标明某某铺。

独轮车为星子民间主要运输工具,一直使用至20世纪90年代初。

沿湖船只使用相当普遍。除日常各种渔、货船外,古时官府还备有救生红船。

水路设有多处津渡,通都昌县的:神林浦(即神灵湖)渡,在县东2里许,即宫亭湖渡(康熙年间南康府同知蒋国祥于湖东岭上立庙,为因风而阻不能渡湖者提供休息场所。百姓感其善举,称岭为蒋公岭);左蠡渡,在城南10里;长岭渡,在城东北地10里。

通永修吴城镇的:渚溪渡,在城南30里;边港渡,在县城西南50里土牛山下;杜家圫渡,在县南35里三都;起蛟塘渡,在县南40里四都。

陆路设有多处桥梁。因星子境内承庐山众多泉流,又临鄱阳湖,水系发达,古桥甚多,大多为花岗石桥,少数为青石板桥,宋、元、明、清时期的石桥都仍在使用,其中1000余年的宋代桥梁——观音桥为国家重点文物保护单位。

广惠桥,旧名星湖桥、华胥桥,跨冰玉涧,距府衙约两里半路,旧志原载为程师孟建,近年经考证为宋宣和四年(1122年)林某建,匠人胡仕明造。七石桥,又名芝华桥,跨冰玉涧,距府衙1里许,旧志载为明代修造,近年经考证为宋孝宗时知县宗堂建,通瓷器巷。

南宋朱熹任南康知军时所建今仍存的石桥有冰玉涧桥、颜家桥、白鹿洞口桥、枕流桥、流芳桥等。枕流桥在白鹿洞书院前小三峡口,桥下溪流之中有巨石,上有朱熹书"枕流"二字刻石。此桥旧时为进入书院必经之路。

流芳桥,面对五老峰,在白鹿洞书院东南回流山下,即濯缨桥。山上原有六合亭。流芳桥最初无名,宋嘉定十一年(1218年),南康知军陈宓与张琚、罗思、姚鹿卿、张绍、潘柄、李燔、胡泳、缪惟一等会讲洞中,歌颂朱熹之芳泽,特将此桥名为"流芳"。陈宓书"流芳"二字刻于桥北,又刻《流芳桥志》于桥东石壁。清康熙五十一年(1712年),流芳桥圮塌。后经多次重修,现桥为1949年后所建。

星子古时为南方水运要冲,自20世纪初南浔(南昌至九江)铁路开通后,水运不如铁路运输快捷,星子在南方交通运输中的地位逐渐下降,南康府也随之退出历史舞台。

(三)历史的烽烟

当初孔宜一踏上星子的土地,就敏锐地发现此处地理位置的重要性。他不顾位低言轻,随即向朝廷启奏,请在星子设军治。后来的历史岁月,证明了孔宜的超前意识和战略眼光。自宋以降,鄱阳湖上所发生的历次战争,都与星子有关。如明宁王朱宸濠的南昌叛乱、清太平天国之战、民国江西督军李烈钧依据鄱阳湖口举起护国大旗等战争,以及1927年中国共产党在星子打响的赣北暴动第一枪。而1938年日寇沿江而上,剑指武汉,即是从星子登陆,向西合围,再次证明孔宜的眼光确实超出常人。在这些战争中,以朱元璋与陈友谅鄱阳湖大战和东牯山抗日阻击战最为惨烈。

1. 朱元璋与陈友谅鄱阳湖大战

在鄱阳湖西岸,距星子县城30余里的地方,有一处被称作"扬澜"的村庄。扬澜村北临湖的一个小土岗上,有一座花岗石垒砌的数米高石台,在周围一片黄土的鄱阳湖西岸,显得格外引人注目,据传那就是当年朱元璋指挥大军围攻陈友谅时的点将台。

元朝末年,朱元璋与陈友谅在鄱阳湖区展开了一场恶战,双方投入兵力达80万人。这场战争,朱元璋消灭了一个最强大的对手,为最终称霸天下奠定了坚实的基础。

几百年过去,这场战争成了当地人们永不厌倦的谈资。星子老一辈人每谈及朱元璋与陈友谅在鄱阳湖上争夺江山社稷的故事时,常说"大战鄱湖十八年"。其实,朱、陈的鄱阳湖之战,时间很短。近年有学者撰文,认为此次战役前后只经历了一个多月。不管时间长短,朱、陈的鄱阳湖之战与赤壁之战并列为中国历史上最著名的两次水战。

2. 东牯山抗日阻击战

最近一次让星子名垂史册的战争是抗日战争时期东牯山阻击战。"七七卢沟桥事变"后,日寇向华北、华东进攻。1938年6月,日寇沿长江溯流西进,进攻武汉。彼时国民政府因都城南京失守,已将中央机关转移至武汉。6月,武汉会战揭开序幕,距武汉200余公里的赣北成为初期主战场。为阻止日寇沿江而上,国民政府军在长江中游最险要处——彭泽马当,修筑工事并沉船于江中。6月26日,马当要塞失守,这些沉船直至2000年才被打捞上来。随着彭泽县城、湖口县城和九江城相继沦陷,日军妄图用一个月时间攻占星子、德安、永修三县,再下南昌,然后西进长沙,歼灭长江南岸第九战区军队、截断粤汉铁路,从侧面对武汉形成包围。此时,中国军队已对日军推进路线做出准确判断,确定他们会在星子附近登陆,决定扼守庐山—星子这道防线,于是在此部署重兵,进行阻击。而薛岳则统领大军驻守德安万家岭,阻击从九江方向沿铁路南下南昌的日军。

1938年8月20日,星子县城沦陷。日军与国民党军队在东牯山一带进行了一场血战。8月24日开战,双方自东牯山战至西牯岭。9月13日,阵地失守。1938年10月5日、6日《江西民国日报》刊登刘尊棋《西孤山伟壮战役》一文,其中写道:

无从抵御的毒瓦斯,狂烈的海陆空炮弹,绵密的从高空射下的重机枪火网,失了人性的一群群被敌酋驱使着的野兽们,终于迫使我们放弃了本不可守的西牯山。但是一周间,自东孤岭起,逐步对敌血战的结果,不仅消灭了5000以上的敌人,摧破了整个佐藤支队,而且给了我们后续部队从容到达指定位置,巩固所有工事,确保"星德"全线的余裕。这个余裕,既是德安的寿命,也既是整个赣北的寿命。

东牯山(包括西牯岭)阻击战,牵制了东面敌人,使之不能与从九江方向南下的日军相汇合,为德安"万家岭大捷"赢得时间。

尽管东牯山阻击战中国军队最后不敌日军,但也给日军以重创,特别是9月3日,中国守军哨兵利用"三八"步枪具有长距离射程特点,在日本随军记者采访团为号称"军神"的日军著名战将——联队长饭冢国五郎拍照时,一枪击毙饭冢国五郎,在日本国内引起极大震动。

二、从名胜古迹中了解星子美丽山川

　　星子处在鄱阳湖与庐山之间,不仅有特殊的地理位置,还有傲视全国的美丽山川。庐山不但风景秀丽,且文化底蕴深厚,号称"人文圣山",被联合国命名为"世界文化景观",列入《世界遗产名录》。明朝开国皇帝朱元璋,曾经在鄱阳湖战胜劲敌陈友谅,由此坐稳江山。朱元璋称帝后,为了标明自己"君权神授",不但大肆宣传庐山周颠仙的事迹,在仙人洞为周颠仙树立御碑亭,而且将庐山牯岭一带封为皇家园林,建庐岳祠。初时庐岳祠在牯岭天池寺,每年春秋二祭,由九江、南康两地知府代表皇帝祭祀。后庐岳祠搬迁至山南星子境内白鹤涧附近,最后又搬迁至观音桥附近,每年均由南康知府和星子知县代为行使祭山礼仪。

　　放眼全国,星子是唯一同时拥有名山名水地理环境的县。民国时期吴宗慈所撰《庐山志》:"山南为面,北为背,山川胜迹,星子县什八九属庐麓。"庐山的名胜古迹大部分在星子境内,所以人们常说"庐山之美在山南"。境内有国家级重点文物保护单位4处(观音桥、白鹿洞书院、秀峰摩崖石刻群、紫阳堤),省重点文物保护单位7处(秀峰"铁线观音像"、醉石馆石刻、"一见心寒"墓、玉渊桥、南康府鼓楼、玉帘泉摩崖石刻和太乙将军村别墅),县级文物保护单位66处。

从名胜古迹中,我们可以领略星子别样的风景。

(一)代代有遗迹

自然造化,天下奇景不计其数,然千百年来令人难以忘怀者,或以人名,或以文名,名人与诗文构成风景名胜的灵魂,代代相传,以至永远。

查阅旧志,其中对星子山川的描写雄奇壮阔,气势不凡:

南国咽喉,西江锁钥。扬澜左蠡浮其前,五老九奇屏其后。控五岭,压三吴,汇岷江,潴彭泽,维地南要,据江上流。

而曾任南康知军的朱熹更是不吝赞美之词:"庐阜奇处,尽在山南。"(朱熹《答吕伯恭三首》)

南宋著名诗人杨万里则在其《过江州岸,回望庐山》中将庐山比作待嫁之龄的西施:"庐山山南刷铜绿,黄金锯解纯苍玉。……山如西子破瓜岁,山南是面北是背。"既然庐山美如西施,而山南又是西施正面,其美自不待言。

在县城周瑜点将台(古南康府谯楼)前门洞两侧,镌刻着清乾隆年间南康知府刘方溥撰写的一副对联——曾是名贤过化,前茂叔,后考亭,我亦百姓长官,且试问催科抚字;纵使绝险称雄,背匡庐,面彭蠡,谁作一方保障,敢徒凭形势山川。(茂叔即周敦颐;考亭即朱熹——笔者注)何为绝险称雄？因为此地是背靠庐山,面临鄱阳湖,处在名山大湖之间。鄱阳湖为江西五大水系穿湖入江的必经之路。长江自古为中国的黄金水道。在没有公路的漫长岁月里,星子不仅是沟通长江、运河和广东、福建等地南北交通运输的一处重要码头,也是扼守江南水路要冲的一处军事重地,故有"南国咽喉,西江锁钥"之称。

庐山古称有九十九峰,著名山峰大多在星子境内。庐山的瀑布飞泉也是天下闻名,名闻遐迩的黄岩瀑布、玉帘泉、谷帘泉(茶圣陆羽品为"天下第一泉")、三叠泉、招隐泉(陆羽品为"天下第六泉")等,均在星子境内。

限于篇幅,本节略述大禹、秦始皇、汉武帝、司马迁、葛洪、陶渊明、陆修静、王羲之、谢灵运、李白、颜真卿、白居易、李渤、陆羽、范仲淹、李公择、王安石、苏轼、刘凝之、孔武仲、黄庭坚、朱熹、文天祥、朱元璋、王守仁、陶尚德、宋之盛、曹龙树等名人遗迹及少数历史遗存。

1. 大禹、秦始皇、汉武帝、司马迁——紫霄峰、汉阳峰、九奇峰

将中华民族先祖大禹、雄才大略的"秦皇汉武"和写出"史家之绝唱"的司马迁等历史巨人与星子联系在一起的是两座山峰——紫霄峰和汉阳峰。

紫霄峰:又名上霄峰,在县北25里。大禹治水过敷浅原(庐山古称)曾到此刻石。石室中多古字,后人莫辨,仅"洪荒漾予乃撑"六字可识。秦始皇登临此处,谓其与霄汉相接,又名上霄峰。汉武帝、太史公马迁均曾登临。下有上霄源。五代

王仁裕《玉堂闲话》:"补阙熊皎言,庐山有上霄峰,去平地七千仞。上有古迹,云是夏禹治水之时泊船之所,凿石为窍以系缆,磨岩为碑,皆蝌蚪文字,隐隐可见。"

传说大禹治水时,在竹筏上发现庐山,于是与助手一道在庐山东南面(今栖贤寺一带)停泊。大禹登上庐山主峰(汉阳峰)远眺,望见远处有一座孤山(鞋山),遂登临以察看,又发现北面有山阻碍,水不得出,即前去以斧劈之,形成豁口,江水始得东流。旋即重上庐山,察看水情,在上霄峰令助手刻石以记,留下禹王石室遗迹(蝌蚪文)。

汉阳峰:庐山最高峰,上凌霄汉。相传汉武帝曾登上峰顶,故名汉王峰。又传夜晚在此可观见湖北汉阳灯火,故称汉阳峰。

汉元朔三年(前126年),司马迁循着汉武帝足迹登上汉阳峰,考察大禹治水遗迹,将庐山一名正式载入华夏史册:"余南登庐山,观禹疏九江。"(《史记·河渠书》)

九奇峰:东起含鄱岭,西接上霄峰。嵯峨角立,有奇峰九座上下绵延,故名。旧志记载秦始皇、汉武帝均登临此峰。

2. 葛洪——洪井山

洪井山:在东古山观音岩西北,传是葛洪炼丹处,其下有丹井。

3. 陶渊明——玉京山、层城山、面阳山、醉石、醒泉、虎爪崖

星子先贤陶渊明虽然已离开1650余年,然其故里山川风物大致依旧,其著作中所载地名称呼依然如故。后之来者,若熟读陶公诗文,按图索骥,一一对应,睹物思人,能不有感?

玉京山：在县城西7里，根连庐山。《山疏》："山当大湖滨，一峰苍秀，彭蠡东西数百里，云山烟水浩渺萦带，皆列几席前，奇绝不可名状。"晋陶潜家于其下，诗云"畴昔家上京"。李白"手把芙蓉朝玉京"皆指此。玉京山为陶渊明上京故居所在地。

层城山：又名曾城，在县城西5里，又称乌石山、东皋岭、大醉石等。因陶渊明曾游此作《游斜川》一诗，其序中有"临长流，望层城"，后人认为作于此。层城，有人以为指落星石，亦有人以为指牛屎墩，皆缺乏实证，略牵强。

面阳山：距县城50里康王谷西北，今属柴桑区。其地原有靖节书院、靖节墓，今存墓。另在黄龙山（见后）西麓有通书院，或曰渊明故居，宋以后星子县有人在此立祠以祭祀陶靖节。

醉石、醒泉：《南史》载"晋陶渊明饮酒醉卧其上，至今有酒痕"。清同治《星子县志》载"《山疏》：在濯缨池下谷中，高三四尺，亦谓之砥柱石。晋陶渊明饮酒醉卧其上，至今有酒痕"。

醉石在庐山南麓般若峰前虎爪崖下，石上数十步有濯缨池，池水向下流经醉石，名醒泉。水过醉石，即入田野，复向南数百步，过柴桑桥，入陶公故里——栗里陶村。数年前星子县搞温泉旅游开发，栗里陶村货予商家，传承1600余年之村落自此消失。笔者曾多次陪同外地慕名寻访陶公故里之客人前往，只得指一派豪华房屋说，"原本在此，今不可寻"，令人唏嘘。

醉石又称醉石馆，因朱熹曾在此建馆以祠陶渊明，又称五柳馆、归去来馆。石上"归去来馆"四大字系朱熹所题。历代文人对醉石多有题刻，如唐颜真卿、宋朱熹、吴亮、程思孟、陈舜俞、张固,明王逵、朱议治、卢襄、郭波澄、清袁枚、熊城、曹龙树等。

虎爪崖:在栗里北庐山南麓。下有濯缨池,因陶渊明得名。

4. 陆修静——礼斗石、布袋崖

开创南天师道派的陆修静曾在简寂观内留有白云馆、朝真馆、炼丹井、捣药臼、洗药池、赤坚石,以及陆修静手植14株"六朝松"等胜迹,惜乎今皆不存,唯观内礼斗石、观后布袋崖可供凭吊。

布袋崖:在简寂观后。陆修静非常钟爱庐山,生前嘱咐弟子将其遗体抛入太虚观后深山荒谷之中。当陆修静遗体自都城建康(今江苏省南京市)崇虚观运回庐山后,弟子们不忍心按师傅遗嘱行事,遂用布袋装殓,仍葬入坟茔。埋藏之地,因此被称作布袋崖。也有一说,是因为弟子们将装有陆修静遗体的布袋悬挂在此崖下树杪上而得名。

5. 王羲之——鹅池、洗墨池

书圣鹅池遗迹不止庐山山南一处,浙江会稽亦有鹅池。庐山鹅池在山南归宗寺东,为溪涧中一处椭圆形水潭,其旁岩石上有"右军鹅池"四字刻石,传为羲之养鹅自娱之所。归宗寺殿阁后有王羲之洗墨池,水为黑色。(见后文《雁过留声·王羲之的神笔遗踪》)

6. 谢灵运——经台山、石镜峰

南朝谢灵运数次游历庐山,除东林寺外,其足迹主要在山南星子,史籍所载其游历时间较长之地是经台山。经台山距温泉数百米,相传为谢灵运翻经台。谢灵运不仅为中国古代山水诗鼻祖,也是著名学者,曾翻译大量佛学典籍。为了翻译《涅槃经》,凿池为台,种白莲于池中。因台废址存,后人称其翻译经文之处为经台山,以作纪念。据元代李洞溉《游庐记》载:"东林后,单山崛起,与匡阜对峙,若大屏居其上,谢灵运翻经台也。"两种说法,待考。

石镜峰,见下节(李白)。

7. 李白——五老峰、石牛山、石镜峰、香炉峰、瀑布泉

"予行天下,所览山水甚富,然俊伟诡特,鲜有过之者,真天下之壮观也!"这是李白在其诗作《望庐山五老峰》前所作的短序。自诩"五岳寻仙不辞远,一生好入名山游"的诗仙,对庐山东南的五老峰亦有极高的评价,直欲呼为天下第一了。因此,李白安家五老峰下,欲作终老之所,若非"安史之乱",则此处当是李白"升仙"之地。

五老峰:去县城北30里。《商丘漫语》云:"巉削壁立数百千仞,轩轩然如人箕踞而窥重湖,又如五云翩然欲飞,湖山烟水微茫,映带东南州郡数百千里,轩豁呈露可指顾而尽。"赵石梁云:"庐山之景尽于东南,故五峰奇绝,竟无有与之相抗者,谁谓匡庐无主峰也。"下有李白书堂。东北为屏风叠,下为九叠谷,北为钵盂峰。又有五小峰称作狮子、金印、石船、凌云、幡竿等。

史料多记载李白在庐山有读书台,其依据是杜甫诗句"匡山读书处,头白好归来"。又云"五老峰,香炉峰下,俱载有太白读书堂。……书堂当以五老峰为确",其依据是李白自记"时予归隐屏风叠"(屏风叠在五老峰前)及题五老峰诗中"吾将此地巢云松"之句,似乎可信。

石牛山：又称辟牛山，在县北30里。相传唐女真蔡寻真、李腾空隐居庐山修道时，常于此地憩息弈棋，有棋坪石。李白与第二任妻子宗氏都信道教，隐居屏风叠时，得知宰相李林甫之女李腾空在附近石牛山修道，立即让妻子寻找李腾空，以期一起求仙访道，并作《送内寻庐山女道士李腾空二首》，有"一往屏风叠，乘鸾着玉鞭"之句。

石镜峰：在县西25里。金轮峰侧有一圆石悬崖，明净照人见影，隐见无时。谢灵运曾游此，有诗句"攀崖照石镜"（《入彭蠡湖口》）。李白《庐山谣寄卢侍御虚舟》一诗中"闲窥石镜清我心"，均指此石镜。

香炉峰：在开先寺（今秀峰寺）后，其形圆耸如炉，常出云雾。李白作《望庐山瀑布水》诗二首。

瀑布泉：旧志所载瀑布泉条目，特指开先寺后两道瀑布。东北一瀑称马尾水，自鹤鸣与龟背二峰之间崖口泻出，喷散如缕似马尾。西南一瀑则自坡顶傍双剑峰下注，旁有香炉峰，因李白所吟《望庐山瀑布水》一诗，后人呼为瀑布水。开先二瀑在山谷间合流，注入寺西山峡石潭，峡名青玉，潭曰龙池，世人多呼为龙潭。明王祎《开先寺观瀑布记》："庐山南北，瀑布以十数，独开先寺所见者最胜。"

8.颜真卿——颜家山、醉石

颜家山：距县城以北5里许。旧志载因唐颜鲁公（颜真卿）旧居得名。史料记载：颜真卿裔孙颜翊，率弟子30余人，皆受经于白鹿洞书院，30余年进修不辍。颜家山前有颜家桥，朱熹曾加以维修以通白鹿洞书院。明万历十九年（1591年），南康知府田琯于颜公故址建侯亭。又奉诏清查先贤事迹,申呈学道朱廷益,为颜鲁公建祠以祭祀,裔孙颜翊配祀。又立"忠孝节义"坊额,南京礼部侍郎邓以赞书"千古精神",田琯书"神明风化"。惜今皆不存。因见颜祠内所祀"神明显灵,远近烧香,愿输银米",田琯经呈报学道朱廷益批准,遂选择当地家境较为殷实居民,轮流对香火钱进行登记核收,"一半入洞以给生徒,一半存祠修缮"。利用颜鲁公祠之神灵,以助教育,确实颇具创意。田琯"后见进香颇众,所入银米比原有加,计非买田无以经久,因以陆续所积银米,买田二百余亩入洞收租"。此举为白鹿洞书院解决了生计根本问题。据田琯文中所述:"本府勘得,颜家山,乃唐颜鲁公故居,白鹿洞憩馆,郡志明征,遗址尚存。"另据清同治《星子县志》云:"前有颜家桥,文公修以通白鹿洞,于山背建憩亭,今石门础砠犹存。后有宋孝女冯素贞墓,左有先儒黄异墓。岁久,为张卢二姓于亭址两傍野葬,独颜公居址无恙。"可见历代屡有修葺,至清同治年间,虽历千余年尚有遗址可寻。孰料仅过百年光阴,却已荡然无存。

醉石:(详见前文《陶渊明·醉石》)有颜真卿题诗(略)。

9. 白居易——黄岩、相辞涧

白居易谪居江州时,常游庐山,故山南多有故迹。

黄岩:在开先寺后右山之巅。上有二岩,大者可容数百十人,小者可容二三十人。下有黄岩寺、瀑布泉。有白居易题诗。

清邵长蘅《黄岩记》:

黄岩之水,其源出双剑峰侧,流至黄岩寺北三十步,下注为小潭,巨石横当潭口。过石五六步,又注为小潭,泉声淙淙然。

自此伏流乱石间,逶迤而南一里许,石壁扼之,泉从峭壁下坠为瀑布。太白诗"飞流直下三千尺"盖指此,此其上流也。潭各圆广倍寻。潭傍石横溃离,立如羊,如牛马,如几,如榻,如熊黑者不可名数。四面竹树环映,日光穿漏。石子平铺潭底,皆作五色,或星星如金晶可爱。坐盘石,掬靧(音"惠")面(靧面,洗脸之意——笔者注),徙倚不欲去。逾涧,折而百余步,巨石突出,上偃而中空,旁有窦,从窦中绕出石背,巨石又覆之,亦上偃而中空,如画重累屋然,茅屋半榰踞石上,俗呼空生阁也。……

(十数年前,笔者曾多次陪客登黄岩,上下皆乘缆车,走马观花,匆匆来去,未如古人细致观察,慢慢欣赏,实在有负造化。)

相辞涧:在五老峰下。唐贞元元和年间,河南人元集墟(即元十八,亦称元八)在此隐居,时白居易任江州司马,常有往来。一日,二人对饮甚欢,元请白赋诗,乘着酒兴,白居易挥毫写下《题元十八溪居》诗,其中"声来枕上千年鹤,影落杯中五老峰"一联为人称道。

10. 李渤——西古山、李渤垅

唐朝李渤、李涉兄弟曾在白鹿洞读书,后人所谓"白鹿先生"即指李渤。

西古山:在李渤垅,与东古山相近。上有西古寺,清时称心庵。下有石门钓鱼台。涧中有石剿"仙石崖"三大字,旁有数十小字。有一座宽敞的山洞,樵夫和牧民常到其中避雨,称为仙人洞。山麓涧中有一块巨石,圆如满月,当地人称为倒挂金钟。

李渤垅：今属温泉镇，因李渤曾寓居此地而得名，今尚有李渤垅村。

11. 陆羽——谷帘泉、招隐泉

谷帘泉：在康王谷，唐朝茶圣陆羽命名"天下第一泉"。（详见后文《桃花源景区》）

招隐泉：在三峡涧中观音桥头。因《茶经》云"庐山招贤寺下方桥潭水第六"而名声大振，俗称"天下第六泉"。又由于陆羽曾在此泉旁品茶著书，周必大称之为陆子泉，李溉之、王子充则称之作陆羽泉。

12. 李璟——鹤鸣峰

鹤鸣峰：在庐山开先寺后，如鹤形，故名。相传李璟尚为皇子时卜地读书，先至庐山东面五老峰下，甚合心意。后得樵夫指点，追随南飞仙鹤至山南。鹤到秀峰时，停在一处山峰上，对着李璟不停地鸣叫。李璟见此地奇秀绝佳，世间罕见，便在此建书堂，此峰遂名鹤鸣峰。

13. 范仲淹——五老峰、芝山

宋景祐三年（1036年），范仲淹因不满宰相吕夷简把持朝政、培植党羽、任用亲信，向仁宗皇帝进献《百官图》，对宰相用人制度提出尖锐批评，遭到吕夷简反击诬蔑。范仲淹又连上四章以驳斥，因言辞激烈，遂被罢黜，由吏部员外郎、权知开封府职位改知饶州。这次范吕之争，牵连甚广，众多朝廷官员如欧阳修均牵涉其中，形成三派，史称"景祐党争"。饶州治所在今江西省鄱阳县，范仲淹由此过南康军星子县，得游庐山，曾作《游庐山作》诗：

五老闲游依舳舻,碧梯岚径好程途。
　　云开瀑影千门挂,雨过松黄十里铺。
　　客爱往来何所得?僧言荣辱此间无。
　　从今愈识逍遥旨,一听升沉造化炉。

然而,范仲淹并没有如诗中所言放任逍遥,数年之后,因西部边境吃紧,遂应命领兵驻守边防,被敌军誉为"胸中自有数万甲兵"。

五老峰下有一处山峰,因产灵芝,故名芝山。范仲淹游览五老峰时,慕芝山之名,往游之后,亦赋《芝山寺》诗一首:

　　楼殿冠崔嵬,灵芝安在哉?
　　云飞过江去,花落入城来。
　　得食鸦朝聚,闻经虎夜回。
　　偶临西阁望,五老夕阳开。

14. 李公择——李家山

李家山:在县北25里五老峰下,因李公择所居得名。

李公择,名常,字公择,为黄庭坚舅舅,苏轼好友。本是江西建昌(今江西省永修县)人,与星子无关,却因为曾经在此隐居读书,竟让一座山峰由此冠名。

15. 王安石——德星山

德星山:即落星石。明朝连州廖叶游览落星石,改称德星并刻石立碑。

王安石(1021—1086年),字介甫,号半山,江西临川人,北宋时著名的政治家、文学家,以倔强闻名,史称"拗相公"。唐宋八大家之一,擅长写诗,七绝在北宋首屈一指。

宋庆历二年（1042年），王安石中进士第四名，时年二十一岁。宋庆历六年（1046年），王安石为地方小吏，自临川赴京述职，任县令。赴京之旅，从抚河入赣江，进鄱阳湖，过南康军星子县，留下《落星寺在南康军江中》七律诗作一首。

16. 苏轼——漱玉亭、三峡桥、栖贤寺、白鹤观、五老峰

苏轼数度游庐山，其于宋神宗元丰七年（1084年）四月首次游庐山时，对山南景物推崇备至，并在其《记游庐山》中将开先漱玉亭、栖贤三峡桥称作"二绝"，均有题咏。在白鹤观小住，观其子苏过与道人学棋，得悟人生真谛，并记以诗文。（详见后文《雁过留声》）其题《五老峰》诗：

偶寻流水上崔巍，五老苍然一笑开。
若见谪仙烦寄语，匡山头白早归来。

17. 刘凝之——少府岭、冰玉涧、西涧

少府岭：去县西2里。上有宋刘涣（刘凝之）（详见后文《雁过留声》）夫妇墓。墓葬于1980年出土，墓碑藏星子县文物所。今少府岭已为城市，风物不存。

冰玉涧：距南康府衙东约30米。古有刘涣旧居，因苏辙在此撰文称誉凝之父子"廉洁不挠，冰清玉则"，后人称为冰玉涧。

西涧："在县西北十八里。宋刘涣常乘黄犊往来其地，山僧结茆以待之，因号西涧居士。朱子守郡时，作静隐亭及清净退庵其上，盖取黄庭坚诗：'谁能四十年，保此清净退'之意云。"（清同治《星子县志》）西涧在观音桥西，朱熹为刘凝之所建静隐亭及清净退庵今皆不存。

18. 孔武仲——吴障岭、白云洞、灵溪、卧龙岗

北宋"清江三孔"文仲、武仲、平仲兄弟三人都与庐山结缘（详见后文《雁过留声》），其中以武仲题咏居多。

吴障岭：南下有巨石，上镌"吴楚雄关"四字。去县北45里，与庐山接。岭峻峡隘，以其为吴障也。过此即为九江界。宋太平兴国三年（978年）设星子县，即以此地为界，南属星子，北属德化（原九江县，今柴桑区）。李白诗中有记。孔武仲《吴章岭作》诗：

　　庐山北转是吴章，岩草纷纷静有香。
　　洞口流泉似相送，人间天上莫相忘。

白云洞：在城西40里。洞在山顶，白云出入其间，故名。洞口有白云庵。孔武仲《白云庵》诗：

　　青山为路竹为门，千里江风到此轩。
　　谁把吴王歌管地，一时分付给孤园。

灵溪：在县西30里紫霄峰下，祥符观后。相传秦末有武士十三人，弃官南游求仙。既至庐山，其中十人去豫章，唯唐健威、李德殳、宋刁云三人隐居于此。一日傍晚，天降雷雨，大水淹到三人所居之处，忽然分成左右二道溪流。盘石上有"神化灵溪，玉简标题。真人受旨，玉润潜栖"十六字，故名。旁有灵溪观，又名祥符观，南齐永明元年（483年），道士宋文超建。宋时赐名灵溪观。孔武仲《自归宗入灵溪观》诗中有"闻有秦人来避世，至今修竹上参天"之句。

卧龙岗：（详见后文《观音桥景区》）

19. 黄庭坚——鸾溪、石镜溪

鸾溪：在县西25里。其源出紫霄峰，溪东有大石。文禅师

与黄山谷讲论,尝坐大石上。旁有题咏,字迹如掌,今无存。

石镜溪:在县西26里金轮峰侧。据郦道元《水经注·庐江水》记载:此处"有一圆石,悬崖明净,照见人影,晨光初散,则延耀入石,毫细必察,故名石镜焉"。清翁方纲曾至溪中考察,觅见石上有黄山谷所题字迹,因作记:"瞻云寺(即归宗寺——笔者注)后石镜溪,山谷书'石镜溪'三大字,左云'绍圣元年七月辛亥同真净禅师爇茗此石上,南昌黄庭坚题'。石下云'豫章洪驹父,携二子戏龙潭上,投石弄水而去。政和六年八月十二日'。又其左'金轮峰'三字,真净笔也。"

20. 朱熹——华盖石、卧龙潭、醉石、丰利侯王庙

华盖石:在县北25里寻真观前,今不存。朱熹名以华盖,书"风雩"二字,并题诗:

醉扶藜杖少盘桓,四远烟萝手自扪。

此石至今无处问,只应来自太微垣。

卧龙潭:(详见后文《观音桥景区》)

醉石:(详见前文《陶渊明·醉石》)朱熹知南康军时,因此前曾读陈令举《庐山记》,见颜真卿诗,以为不是全篇。激发其探寻醉石之意,慕名寻访,遂作诗题词,建归去来馆。此后下乡视察农事时,常到此。这方土地的主人陈正臣,正在外地为官。他闻听此事,便请朱熹将"归去来馆"四字刻于醉石之上。不知为何,朱熹当时并未应允。后陈正臣多次请求,直至朱熹离任南康军,才同意刻石之事。如今,醉石上朱熹手书"归去来馆"四个大字,为当代陶渊明研究提供了不可多得的珍贵佐证。

丰利侯王庙:在县西南35里,今蛟塘镇西庙村鄱阳湖西

岸。庙中供奉丰利侯王,本姓蒋,名轩,字清之,号明望,浙江人,为三国时中都侯蒋子文之后。生于晋穆帝永和元年(345年)十月初五申时,殁于晋孝武帝太元十四年(389年)八月十二日子时,年四十五。蒋轩在庐陵(今江西省吉安市)为官,过鄱阳湖时遇大风溺水而亡。其尸体浮出水面,被渔民安葬于星子县牛角湾。南朝宋永初三年(422年),乡人李元寀(音"审")兄弟为之立庙。宋熙宁间,郡推黄彦因来此庙祷雨,当即灵验。即以此事奏请朝廷,获敕赐"丰利侯"。朱熹知南康军时,逢大旱,乃亲撰祈雨文,至此庙求雨,又获应验。朱熹以此事上奏,朝廷又封"丰利侯王",赐"时若"二字,朱熹亲书。此庙尚存,当地百姓无不信仰。

21. 文天祥——南康城

惶恐滩头说惶恐,零丁洋里叹零丁。

人生自古谁无死,留取丹心照汗青。

——文天祥《过零丁洋》

元兵在广东俘获著名爱国将领、状元文天祥,押解其去大都(今北京市)的漫漫长途中,曾在南康军驻足。

自从兵帐被俘,被元军挟持在广东、江西各地辗转,一路上劝降之人软硬兼施,苦费心机,而文天祥,始终不为所动。

河山破碎如飘絮,百姓流离似浮萍。被俘北行,路途目睹战乱后的国土,文天祥感到痛心疾首,更坚定了他以死抗争、为国捐躯的决心。当行至庐山脚下鄱阳湖边南康军所在地星子县,文天祥不胜感慨。北宋初年,朝廷在星子县设南康军,即是为江南军事而备。可惜如今此地已落敌手,不见昔日的繁华喧

闹,只剩一片肃杀冷清。目睹此景,文天祥满腹情感化作一首《酹江月(南康军和苏韵)》。词曰:

庐山依旧,凄凉处,无限江南风物。空翠晴岚,浮汗漫,还障天东半壁。雁过孤峰,猿归危嶂,风急波翻雪。乾坤未老,地灵尚有人杰。

堪嗟漂泊孤舟,河倾斗落,客梦催明发。南浦闲云过草树,回首旌旗明灭。三十年来,十年一过,空有星星发。夜深愁听,清笳吹寒月。

南康军星子县也是文天祥辞别家乡江西的最后一站。"从今别却江南路,化作啼鹃带血归。"(文天祥《金陵驿》)在元朝大都囚禁三年后,文天祥以一首气壮山河的《正气歌》慷慨赴义,成为光照千秋的民族英雄。

22. 朱元璋——鄱阳湖点将台

见前章《独特的县名》《历史的烽烟》。

23. 王守仁——独对亭

王守仁所作五言古诗《独对亭望五老》,当时即悬于白鹿洞书院明伦堂。

独对亭:在白鹿洞书院延宾馆前贯道溪旁石崖上,依山麓,临清流,亭对五老峰。原为北宋丞相李万卷校勘书籍之所,又称勘书台。明弘治十四年(1501年),提学副使邵宝为纪念朱熹,在此建亭,取名独对亭并作记。后有李梦阳作《独对亭铭并序》。亭周围有石刻"圣泽之泉""风泉云壑",溪涧中有李梦阳手书"砥柱""观涧""源头活水""正学源头""吾悦""月泉"等石刻。

24. 陶尚德——回流山

陶尚德题有《登回流山》诗。李梦阳题诗《回流山亭》《回流山》。

回流山：在白鹿洞书院东南。贯道溪过书院前枕流桥南流，一山隔断，折而回流，因名。山上原有六合亭，山下有石华表、华盖松和流芳桥。

（自1979年秋始至2000年春，笔者曾多次徒步经此前往白鹿洞书院考察学习，每次路过华盖松时，都要驻足片刻，仔细端详。其时松下尚有碑刻，近日闻听华盖松已枯萎。）

25. 宋之盛——黄龙山

黄龙山：在县西30里。旧志云："秀耸磅礴，周五十里。相传唐广明中有黄龙见，故名。"《历世真仙体道通鉴》云："黄龙山，仙人文女真跨黄龙升仙处。女真名慧通，晋人。"有"黄龙四爪踏三溪"之说。三溪，指沙溪、潴溪、龙溪。西麓有通书院，有人说是渊明故居，宋以来星子县曾有人在此立祠以祭祀陶靖节。北麓有地热，今庐山温泉。明朝江右著名学者宋之盛（星子人）曾于此聚徒讲学，并赋《黄龙即事》诗。

26. 曹龙树——玉帘泉

玉帘泉：在归宗寺后金轮峰、石镜峰之间的兜律峰下，又称紫霄瀑、喷雪泉。泉水自峭壁崖顶喷薄而下，悬空40余丈，如帘似丝，飘飘洒洒，坠潭无声，令人称奇。置身潭边，虽夏日也顿觉凉风习习，身心俱爽。庐山名瀑不下数十，其他瀑布大都循崖而降，玉帘泉则是崖头向前凸出数尺，泉水凌空倾泻，故而更显轻飘，古人曾认为此瀑应列庐山第一。清嘉庆时星子人曹龙树《玉帘泉诗序》曾作如此描绘：

　　泉在金轮峰下，石崖高峭，围立如城。泉布崖而下，纵数百丈，横八九十，如垂一幅水晶帘。日灼之而陆离，风摇之而偏后。泉落石台，玉飞珠溅，复蟠激石底而出，隐隐如地出雷。旁有石桥、石室，皆本天生，不假人为。论庐山泉境之胜，此为第一。因为邃谷密林，人迹罕至，不得与瀑布、谷帘等泉齐名，特表以诗云。

　　清邵长衡在其《玉帘泉记》中，也为此泉未能列庐山第一而大发感慨："苏子瞻以开先青玉当庐山第一，而不及兹泉。意子瞻时泉犹翳，虺蜴榛莽间，为造物所秘耶。不然，抑山水不能自鸣其胜，位置亦遂听人为高下耶，是则予无以知之也。"颇有借题发挥之意。

　　自明代僧人蠡云修通去往瀑布的山道后，游人可至瀑布跟前近距离观赏。历代名人雅士吟咏玉帘泉诗作颇多，潭边亦有诸多石刻题词。近年，星子县将玉帘泉摩崖石刻群申报国家重点文物保护单位。

　　27. 袁枚——醉石

　　醉石：（详见前文《陶渊明·醉石》）

　　袁枚诗《过柴桑乱峰中，蹑梯而上观陶公醉石》：

　　　　先生容易醉，偶尔石上眠。
　　　　谁知一拳石，艳传千百年。
　　　　金床玉几世恒有，眠者一过人知否？
　　　　不如此石占柴桑，胜立穹碑万丈长。

（二）处处皆风景

星子湖光山色辉映,风景名胜荟萃,全县景区面积达200平方公里,有80多处景点和160多个景物景观,号称"百里画廊"。

1.秀峰景区

秀峰位于庐山主峰汉阳峰东南面,城西7公里处。这里群峰竞秀、泉瀑争流,竹林蔽日、曲径通幽,有"庐山之美在山南,山南之美数秀峰"之说。

秀峰屋宇始建于五代南唐保大四年(946年),原为南唐中主李璟少年时读书之所。据清同治《星子县志》载:李璟"年少好文,问舍五老峰下,有野夫献地,买之万金,以为书堂"。李璟继皇位后,于保大九年(951年)诏宰相冯延巳(著名词人——笔者注),在书堂旧址建佛寺,取开国先兆之意,名为"开先"。后宋太宗又赐名"开先华藏"。清康熙帝于康熙四十二年(1703年)二月南游到杭州,命巡抚张志栋赍御书《般若心经》一卷赐寺；三月二十六日,又赐御书江淹《从冠军建平王登庐山香炉峰》诗,摹勒刻石,建亭于寺。康熙四十六年(1707年)春,寺僧超渊在淮安迎驾,随至松江。三月十八日,敕赐御书匾额"秀峰寺",遂更名秀峰寺。康熙御书"秀峰寺"碑刻今在秀峰龙潭东圆门外。

秀峰寺曾盛极一时,清末太平天国军过境,将原有建筑付之一炬。后渐有修复,慈禧曾御赐袈裟。民国时蒋介石也相中此地,建有行馆,并赠款修复双桂堂。此堂原名方丈堂,曾作藏经阁,因堂前院内植有两棵桂树,分列左右,俗众皆称双桂堂,遂成此名。今古桂、堂楼、院落皆存。堂后有聪明泉,《庐山志》云:"旱则流,潦则竭。"是为聪明。庐山有南北两处聪明泉,此为南聪明泉,北聪明泉在东林寺。自聪明泉侧拾级而上峭壁,上有读书台遗址,康熙所赐御书江淹《从冠军建平王登庐山香炉峰》诗刻石亭,立于台址之中。台前悬崖处有紫石雕花护栏,长8米,高0.5米,为当时原物。台下有唐颜真卿、宋黄山谷、明王守仁等名家石刻。

秀峰之美,美在山水。奇峰列峙,双瀑奔流。鹤鸣峰如仙鹤长鸣,狮子峰雄踞天地之间,双剑峰如一双宝剑直指苍穹,姊妹峰宛如孪生美女携手弄姿,香炉峰时见紫烟缭绕,还有龟背、文殊等诸峰环列斗奇。群峰之间,满山翠绿之上,两条瀑布一东一西,凌空飞泻,"擘开青玉峡,飞出两白龙"(苏轼《开先漱玉亭》)。西边黄岩瀑布跌落300余米,气势极为壮观,因李白所作《望庐山瀑布水》诗而最负盛名。

秀峰龙潭为景区精华所在。旧志载:"龙潭,在秀峰寺青玉峡下。《山疏》:山上下,龙潭以十数,惟双剑背大潭深不可测。神龙时来居之,来则云阴旋合,屯潭上不散者久之,其去莫测也。龙在则时时洗潭,即涌水,虽时霁亦暴涨,腾涌混浊,积秽堕梗,皆随流去不遗。"龙潭南侧有米芾书"第一山"摩崖石刻。

秀峰厚重,重在人文。景区中摩崖石刻遍布,文物古迹皆为珍品。江淹、李白、苏轼、黄庭坚、朱熹、王阳明等巨擘均在此留下诗作。2006年,秀峰摩崖石刻群经国务院批准公布为全国第六批重点文物保护单位。

东古山,今称东牯山,民间多称东牯岭。位于县城西南10里美丽的落星湾西侧,是星子县观赏湖山秀色的最佳去处。登高远眺,东面是南康古城和波光粼粼的鄱阳湖,西北面是庐山山南如模特一般排列的诸多奇峰。早在唐代,山上即建有东古寺,宋代有法轮院、翠微庵、龙王庙等;山下有法轮井、梅花洞。山头东古寺附近有观瀑台,是欣赏秀峰双瀑的理想位置,曾有"观瀑台"三字石刻。因近几十年来在此开采花岗石,以上古迹今皆不存。

置身秀峰景区,目之所及,皆文化;足之所立,亦是文化;心之所思,还是文化。以庐山南麓一隅而集山水、人文如此丰富,海内罕见。况且其山、其水、其人、其文,均名满天下,实为本地之幸,后人当倍加珍爱。

2. 观音桥景区

景区以观音桥为中心,上溯玉渊潭、栖贤寺、广福庵,下至卧龙岗,坐落在庐山第二大峡谷栖贤谷中,中心景区距县城12公里。景区内,幽壑逶迤,古木翁郁,深潭急湍,鸟语花香,目不暇接的自然景观中,蕴藏着丰富的人文景观。古人诗云:"半天云锦开青峡,九地轰雷撼玉关。"

观音桥,又名栖贤桥,一名三峡桥,在三峡涧金井潭上。宋大中祥符七年(1014年)建。当地民众于桥前立观音寺,故又名观音桥。清道光年间(1821—1850年),观音寺僧人觉源于桥两旁加石栏。桥全长24.4米,宽4.33米,高10.67米。系单孔石桥,每块石料重约千斤。桥拱为七排花岗石以公母榫扣锁,浑然一体。桥体两头立于涧水两边绝壁之上,横跨幽壑,气势雄伟,古人叹为"神施鬼设,巧夺天工,非人力所能及"。此桥异常坚固,为国内仅存数座保存完好且有明确纪年的千年石拱桥之一,曾获得我国著名桥梁专家茅以升的高度评价,认为可以和河北赵州桥相媲美。1961年,周恩来总理前来视察。1980年初春,笔者慕名只身专程前往参观,亲眼见有满载树木的拖拉机驶过。后当地政府于桥前一里许建一小型山门,以阻止车辆通行。1988年,被国务院列为全国重点文物保护单位。

景区因桥得名,桥东头有茶圣陆羽在其所著《茶经》中列为"天下第六泉"之名泉;桥西有观音阁(又名慈航寺)、柳杉辕、蒋介石夫妻所植"夫妻树";自桥下向北溯源而上,有金井潭、送子潭、玉渊潭等大小二十四潭;过玉渊即至栖贤寺,寺后不远即是广福庵。栖贤寺后,庐山五老峰、汉阳峰左右列峙,九奇峰、含鄱岭雄踞其后,景色宜人。寺前有溪流蜿蜒而过,是为三峡涧,玉渊潭为涧中第一潭。旧志载:三峡涧汇聚庐山东南九十九道泉瀑,至栖贤而成一流,注入玉渊潭,为一奇观。潭口不大,形如石瓮,怒瀑直泻,汹涌翻滚。潭水墨绿,深不可测。古人云:"沙石万数,古今不塞,诚下通于海矣。"临涧观潭,看急流,闻水声,久之则毛肤俱湿,身心皆悚。

由观音桥向西南,沿山麓行三四里,便至卧龙岗。峭壁之间,有一道瀑布倾泻而出,由岗巅向石潭訇击而下。紧临瀑布之下,潭中有黄石数丈,蜿蜒若龙,水波涌动,栩栩如生,因之潭名卧龙潭,岗称卧龙岗。查清同治《星子县志》,见如下记载:"卧龙潭,在县北二十五里五乳峰下,有上中下三潭,傍有卧龙庵。"

10年前,笔者与几位朋友曾至此探寻。一行人爬岩攀树,上蹿下跳,辗转腾挪,竟欣赏到了四潭。而四潭之下,水流转向而逝,折入幽谷深壑,不知所终。莫非真的是神龙见首不见尾?而卧龙潭究竟共有多少潭,还待有心人去探究。若非此行,则一直以为卧龙潭仅三潭,且有旧志可依,可见孟子所言"尽信书不如无书",实为真理。

卧龙庵原在上龙潭侧,后废。据朱熹所记,其知南康军时,因读唐末著名风水宗师龟山杨公之诗和《庐山记》,方知卧龙岗为"此山水之特胜处也"。遂慕名游此,一见倾心,而庵已废。惋惜之余,乃捐俸钱十万,修复旧址,以作终老之所。朱熹又复嘱人于潭畔观景最佳处置亭,号"起亭",寓卧龙起而行天下之意。朱熹还特地作了一篇《卧龙庵记》,书之屋壁,以期后来者读之,能识其寓意。

朱熹是南宋人,而早在北宋,"临江三孔"之孔武仲,就曾登临卧龙潭,并在其《卧龙潭》诗中写道:"已登卧龙庵,更看卧龙瀑。来从不尽山,奔入无底谷……"

龙潭之侧,崖壁之上有题刻,所惜因年代久远,字迹大都漫漶不清。右壁上有"丹阳朱熹卜卧龙山居……"等20余字,知是当年朱熹遗迹。

潭畔尚有古人题刻,如"卧龙""卧龙庵""响泉""神龙见首""钓滩石"等。其中隶书"卧龙"二字,字径二尺,传为朱熹手迹。栗里醉石有朱熹所书"归去来馆"四字,亦是隶书,可为对照。朱熹本拟于致仕之后归隐卧龙岗,然其调离南康军后,再未回顾,其中缘由,不可妄猜。

3. 白鹿洞书院景区

在中华民族几千年的文化传播史上,有两处重要场所,一处是山东曲阜的杏坛,孔子在此升坛设帐,播下了中华文化的核心基因;另一处是庐山白鹿洞书院,朱熹在此聚众讲学,将孔孟思想具体化、规范化,最终形成的理学思想影响后世700余年。

今人出行多赖车辆,且行色匆匆。相信如今到过庐山白鹿洞书院的游客,绝大多数自庐山南大道海会镇向西进入景区,约1公里处至书院停车场。迎面见门坊横额"白鹿洞书院",为明正德年间李梦阳手书。此条通道为通行车辆而修,所见门坊实为书院侧门。若依古时行进路线,应由书院东南沿溪步行而入。此路虽小,然山重水复,鸟语花香,移步换景,如入桃源。越近书院,林木更加茂盛,泉水愈加清纯活泼,置身其中,身心俱爽,有超凡脱俗、倍增神圣之感。笔者自1979年秋始,分别于春夏秋冬几次从此进入书院,每次均有感受,非常赞叹古人所选路线之精妙。可惜,今日游览白鹿洞书院之人,几乎无从享受其中之趣了。

庐山白鹿洞书院始兴于唐朝。唐德宗贞元年间,洛阳人李渤、李涉兄弟二人曾在此隐居读书。李渤养一头白鹿自娱,相随相伴,人称白鹿先生。唐长庆年间(821—824年),李渤任江州刺史。江州距白鹿洞仅20余公里,李渤便在此兴建台榭,遍植花木。从此,白鹿洞声名远播,四方文人学子往来不绝。

庐山白鹿洞书院是我国古代最负盛名的千年高等学府之一,其办学历史可追溯到南唐升元四年(940年)的"庐山国学",又称"白鹿国学",洞主为当时国子监九经李善道。北宋初,江州乡贤明起等在白鹿洞办书院,明起为洞主。宋太平兴国二年(977年),宋太宗赵光义恩准江州知州周述奏请,赐经白鹿洞,书院由此名声大振。宋咸平五年(1002年)书院正式命名为"白鹿洞书院",与应天、石鼓、岳麓书院齐名,并称为中国"四大书院"。南宋淳熙六年(1179年)朱熹任南康知军(军治星子县城,距白鹿洞书院仅10余里),见书院"一废累年,不复振兴"而起复兴之念。他修学舍、募教席、定教规、纳生徒,重振白鹿洞书院,使其成为全国各地书院之楷模,因而被誉为"天下书院之首""海内书院第一"。淳熙九年(1182年)八月,朱熹调离南康军。临行前奏请朝廷为书院敕额赐经,确立了白鹿洞书院的正统地位。白鹿洞书院是中国古代儒学教育的重要场所,也是朱熹理学思想形成的重要平台,是江西古代教育对外开放的重要窗口。自朱熹邀请著名学者陆九渊在此讲学后,后世如李梦阳、王阳明等均在此升坛并留下诗文墨宝。

白鹿洞书院在中国思想史和中国教育史上有极其重要的地位,长期以来,它对儒学思想的传播、传统文化的教育,甚至于对政治和社会历史进程都产生过深远影响。同时,朱熹在白鹿洞书院所采用的自由探究学问的风气与开放的对话方式,与当年孔子在杏坛讲学方式一脉相承,此举极大地激发了讲与学双方的思索与交流,被后世视为代表中国传统书院的讲学精神。朱熹在白鹿洞书院树立的书院教规与教学基本模式也成为此后几百年中国教育效仿的榜样。

千百年来,白鹿洞书院造就了一批又一批适应时代需要、推进历史进步、促进文化繁荣的优秀人才,为传播中华文化、发展我国教育产生了积极而深远的影响。它不仅影响着中国文化教育,还影响着朝鲜、日本和东南亚各国,为中国和东南亚的文化思想、学术研究产生了积极的促进作用。

清宣统二年(1910年),白鹿洞书院改为江西省高等林业学堂,若干年后撤走。1959年,白鹿洞书院被列为江西省文物保护单位。1979年划归庐山管理局文化处管理。1988年,列为全国重点文物保护单位和国家二级自然保护单位。1996年12月,联合国世界遗产委员会批准庐山为"世界文化景观",白鹿洞书院是庐山"世界文化景观"的游览胜地。时至今日,白鹿洞书院是国家一级自然保护单位,也是全国古代书院唯一在北京"中华世纪坛"中留有微缩景观的著名景点。

由书院停车场从"白鹿洞书院"门坊进入,南面是贯道溪,溪中和溪岸两旁布满历代摩崖石刻。北面自西向东排列,依次为先贤书院、棂星门院、白鹿洞书院、紫阳书院和延宾馆。各院落之间有甬道相连,总面积3800平方米。已形成集文物管理、教学、学术研究、旅游接待、林园建设五位一体的管理体制。

4. 太乙村景区

在庐山东南太乙峰下半山之中的茂林修竹之间,掩映着十几栋曾经非常神秘的别墅,当地人称作"十八将军村",现为省级重点文物保护单位。如今,神秘的光环虽已褪去,但还是以其独特的地理环境和气候,吸引着不少人一探究竟,这就是现在的"太乙村"。

太乙村景区距星子县城约16公里。东临五老峰,南接观音桥,北靠含鄱口,西连汉阳峰,背倚太乙峰,面临鄱阳湖,处在连接牯岭与山南景区的咽喉要道。景区山峦重叠,群峰环抱,山势突兀,怪石嵯峨,主要有太乙峰、太乙村、息肩亭、欢喜亭、九奇峰、白鹤涧、七彩瀑布、白水漕等景点。

太乙峰:民间称作犁头尖,在庐山含鄱口西南,山势挺拔,巍峨峻峭。站在太乙村仰首而望,峰峦错落,顶天立地,似有欲倾之势,极为雄奇。此处有十二生肖石群,有九叠仙蛙、乌龟石、雷公石、真假猕猴王、八戒石、问天石、道经石等奇石,自然天成,形神兼备,栩栩如生,令人称奇。太乙峰南端有望鄱崖,巨崖宽约丈余,深百尺,三面环山,为远眺鄱阳湖绝佳处。

太乙村:此地海拔1000米以上,冬暖夏凉,空气清新,尤其适合避暑。炎热的夏季,置身太乙村,清晨可观朝阳从云蒸霞蔚的鄱阳湖上冉冉升起;傍晚又见夕阳沿着汉阳峰缓缓落下。抬头所见,无非苍松挺拔,修竹参天。漫步林间,听幽泉鸣琴,松涛阵阵,时有云雾缭绕,花香馥郁。民国十一年(1922年),广东梅州人古层冰(中山大学教授)、曾晚归(粤军少将军医、曾任庐山管理局局长)踏遍庐山各处,最后对太乙峰下这块幽静之地情有独钟,遂购地建屋。随后又有几家闻风而至。北伐战争以后,部分两广军界元老和国民政府军政要员,如蒋介石、阎锡山、白崇禧、蔡廷锴、陈诚、张敬之、刘一公、古公思、李汝倬、黄申乡、严重、吴奇伟、胡宗南等相继在此修建别墅,共十八栋,当地人称"十八将军村"。

以前上庐山无公路,登山全走小道。太乙峰下之所以能很快形成别墅群,也因为有一个得天独厚的条件,那就是登山古道。自南康府星子县城出发，经五里牌、马头镇，过观音桥、玉渊潭、栖贤寺，从白鹤涧开始登山，拾级而上，经歇肩亭、欢喜亭，最后登上含鄱口，因此含鄱口古时也称南康口。太乙将军村依托这条古道，上下便利。如今歇肩亭下尚有一座城堡遗址，门楣上有隶书"太乙村"三个遒劲大字。城堡建于1930年，由当时的庐山管理局和太乙村董事局联合出资。最早，古层冰、曾晚归开辟此处，也未特地命名。1926年，康有为三上庐山，游览山下海会寺，自此经过，见茂林修竹间隐藏着几栋别墅，不禁诗兴大发，吟出："太乙峰下太乙村，七人筑室一柴门。"后人取其诗句之意，题"太乙村"三字于城堡门楣之上。因在道旁，往来人等见之，口口相传，"太乙村"遂成定名。

太乙村十八栋别墅，或依峰，或傍溪，有大有小，错落有致。整个建筑群坐西北朝东南，依偎庐山，面朝鄱阳湖，阳光充足，视野开阔。所有建筑均就地取材，采用花岗岩砌墙，在色彩和质感上与环境相和谐。每栋别墅造型各异，依所处地势而变化，将建筑完美地融入自然环境之中，使得整个建筑群既统一又各具特色。各栋别墅之间以林间卵石甬道连接，既相互联系又自成天地。

蒋介石与宋美龄夫妇别墅名桂庄，亦称月泉别墅。为一栋二层西式小楼，在太乙村别墅群中属比较小的建筑，但地势最高。别墅倚峰傍溪而建，溪水自桂庄旁宛转而下，长年不涸。美龄女士在楼前不远处辟有一方水池，引山涧活水，以备游泳之用，当地人称此处为"美龄池"。

1936年夏，著名爱国将领冯玉祥将军在北京张家口狙击日军失利后,受蒋介石排挤,被迫告假来到太乙村隐居。尽管此地景色优美,但将军内心始终忧虑着国家前途、民族危亡和百姓疾苦,万般无奈之下,找来一块碑石,亲自书刻"隐庐"二字,立于他寓居的"犇舍"前坪。后来此碑移至另一栋别墅"吴氏院"前,过往人等多见此碑,以为此地唤作隐庐。

1936年,一次在太乙村为严重将军举行的欢迎晚会上,应严重、王逸松、熊旭武等将军的邀请,宋美龄挥毫写下"太乙"二字。严重请著名石匠徐新显将二字放大,镌刻在犇舍东侧的巨石上,如今成为太乙村一景。

1938年,太乙村沦陷,日军在此盘踞六年之久。1984年,星子县人民政府决定修复太乙村,从此,太乙村成为一个以避暑度假为主,集旅游观光、休闲疗养于一体的著名景区。

5.桃花源景区

如果你不熟悉陶渊明,你就不会欣赏桃花源;倘若你不熟读《桃花源记》,你就体会不到庐山桃花源景区的妙处。庐山桃花源古称楚王谷、康王谷,民间多称庐山垅。1996年,时任江西省委书记吴官正视察星子,经当地学者介绍,又到庐山垅实地考察后,认为此地与陶渊明所写《桃花源记》原型十分吻合,提议星子县将此处进行旅游开发,打陶渊明牌,更名桃花源。从此,沉寂2000余年的庐山第一大峡谷,以一种文化的姿态展现在世人面前。

桃花源景区位于庐山西南、星子县西端,与德安、九江(今柴桑区)两县毗邻,由观口、回马石、问津堂、忘路谷、桃花溪、吴官村、康王城、谷帘泉等景点组成。

观口：当地民间俗称"观门口"，位于桃花源景区入口处，是进入康王谷的必经之地。汉时此地有铜马庙，南朝梁代建有康王观，宋时有景德观，今皆不存，唯"观口"一名沿用至今。1995年修通进入谷中公路之前，凡进入康王谷，必经观口村，沿村后依山傍流而凿的崎岖羊肠小道，艰难跋涉。溪流两旁，山峰挺拔，两岸夹峙，树木葱郁，最狭处两峰相距仅10余米，与《桃花源记》所述"缘溪行……初极狭，才通人"一致。约前行一里，有"回马石"遗迹，据传此处为秦大将王翦追杀楚康王熊绎（楚怀王之子）无果而回马处。旧志载：秦始皇二十四年（前223年）王翦伐楚，康王率族人避逃于此，"翦追之急，天忽大风雷雨，翦人马不能前。得脱，遂隐谷中不出，因名其谷曰康王谷"。由此看来，康王谷之由来距今已有2200余年。

沿溪前行不远，忽然峰回路转，山峰向两边闪让，出现一片田园，松青竹茂，鸟语花香，陆续现出大小村庄。这又与《桃花源记》所述"缘溪行……夹岸数百步……初极狭，才通人。复行数十步，豁然开朗。土地平旷，屋舍俨然，有良田美池桑竹之属。阡陌交通，鸡犬相闻"完全一致。不仅如此，《桃花源记》中所写"见渔人，乃大惊……自云先世避秦时乱，率妻子邑人来此绝境"与旧志所载康王谷由来一事何其高度吻合？有学者认为，陶渊明正是依据康王谷地理特征及楚王后裔隐居此地事迹为创作原型，才诞生了《桃花源记》这一千古奇文。吴官正同志对《桃花源记》烂熟于心，当进入谷中，目睹眼前地形地貌和优美景色，《桃花源记》中所描写的句子不禁脱口而出，遂提出"江西旅游打庐山牌，星子旅游打陶渊明牌，将康王谷建成桃花源"的构想。

康王谷中多桃树。每年春末夏初,村旁溪畔果实累累。据当地民众所传,当年康王后裔在此避难,最初靠以漫山遍野的野桃为食,方才得以生存。因此,后人便将桃树称作"恩桃树",称桃子为"恩桃",流传至今。

又,康王谷中与谷外九江县(今柴桑区)黄老门等地熊姓、康姓之间不通婚,至今依然。因此地康、熊二姓本为一家,均为楚康王熊绎之后。先祖避难之时,为保血脉不断,令子孙另分一支为康姓。后立此规矩,提醒后世子孙不忘先祖。

谷帘泉:源自汉阳峰,据志书记载:"泉水西行为枕石岩所阻,湍怒喷涌,散落纷纭,数十百条,斑驳如玉帘,悬注三百五十丈,故名谷帘泉,亦匡庐第一观也。"虽敢称匡庐第一观,然长期以来知之者并不多,只至唐代茶圣陆羽评定天下二十处适宜烹茶之泉,说"谷帘泉水为天下第一"后,陆续有少数文人雅士慕名而来,题诗咏叹。如唐张又新,宋王禹偁、陈舜俞、白玉蟾、朱熹等人均有题诗。宋乾道六年(1170年)八月,陆游在沿长江溯流而上赴四川夔州就任途中抵江州时,特地游览庐山。八月九日,陆游从方志上得知庐山康王谷谷帘泉水"甘腴清冷,备具众美",心驰神往。虽因时间所限,不能前往一探究竟,一饱口福,却在日记中写道:"前辈或斥水品以为不可信,水品固不必尽当,然谷帘卓然,非惠山所及,则亦不可诬也。"陆游虽然未能亲口品尝谷帘泉水,但坚定地认为,谷帘泉水远在陆羽所列"天下第二泉"之无锡惠山泉水之上。

陆羽《茶经》论水次第共有二十,庐山有三处泉水上榜:谷帘泉为天下第一,栖贤寺下石桥潭水第六,庐山天池上顶水第十。前二十名庐山占三处,星子独占两处,绝无仅有。

6.归宗温泉景区

归宗温泉景区的文化构成,充分体现了中国文化儒、释、道三教的共生共存。景区主要由归宗寺(遗址)、玉帘泉、简寂观(遗址)、经台山、栗里、柴桑桥、醉石馆、杏林(遗址)、温泉等景点构成。

"来听归宗早晚钟,疲劳懒上紫霄峰。"这是"唐宋八大家"之一苏辙所写的《归宗寺》诗句。

归宗寺:北倚庐山金轮峰和紫霄峰,东傍玉帘泉,西接温泉、栗里,距县城12公里,为庐山最早寺院,居"庐山五大丛林"之首,其首任主持达摩多罗比后世尊为禅宗一祖的菩提达摩还早一两百年。

东晋咸康六年(340年),书圣王羲之任江州刺史,因游庐山,钟情于此,遂在金轮峰下筑室。每有闲暇,他便来此居住,修身养性,习字不辍。离任之时,他将屋舍赠予西域来的僧人达摩多罗(一说为佛驮耶舍,待考)以作寺院。达摩多罗取佛语"万流归宗"之意,名为归宗寺。寺院山门上方曾有"江右第一山"横额。历史上归宗寺屡经兴废,但其规模不减,"壮丽甲于山南诸刹"。清雍正、乾隆时,朝廷先后赐予匾额、经书,拨付国库款银修建行宫、国师塔,为归宗寺鼎盛时期,并一度更名为瞻云寺。1938年,星子沦陷,日军将山南寺庙洗劫一空。归宗寺后金轮峰舍利铁塔,本是三国时期所建,塔高六丈,呈六角形,所镌文字为庐山最早的金文古迹,与东林寺铜塔并称"庐山双美"，竟被日军炮火击毁。寺中所存黄山谷、董其昌等宋明时期名人书法石刻28块和大量字画真迹，以及佛像、经卷等珍贵文物，全部被掠夺。归宗寺周遭之金竹庵、大力庵、香泉寺、三祖庵、红花庵无一幸免，仅存明朝永乐年间所铸千斤铜鼎和清同治九年（1870年）所铸千斤铁钟收藏于星子县文物管理所。"国破山河在"，但文物古迹一旦遭到破坏或是劫掠，留下的就是永远的伤痛和耻辱。

归宗寺殿阁后面有王羲之洗墨池，水为黑色，今仍存。

简寂观：又名太虚观，在归宗寺东北鸡笼山后、金鸡峰下，距县城约10公里，曾为南天师道派祖庭。（详见后文《道教祖庭》）

玉帘泉、经台山、醉石馆等，详见其他相关章节。

栗里：陶渊明在星子的第二故里，在醉石馆南、温泉东侧。东晋安帝义熙四年（408年），陶渊明位于上京的故居不幸失火，房屋全毁，一家人只能暂且栖息在门前的小船上。后举家迁往南村，即今栗里陶村。陶渊明在他的《移居·其一》诗中写道："昔欲居南村，非为卜其宅。闻多素心人，乐与数晨夕。怀此颇有年，今日从兹役……奇文共欣赏，疑义相与析。"原来搬迁选址不是为了风水，而是为了选人。择邻而居，这与儒家先圣所倡导的人生境界高度一致。尽管后来陶渊明还是迁回原居，但栗里陶村却成了后代人们竞寻访的精神家园。李白、白居易都曾到栗里凭吊。

栗里陶村消失于前些年星子县温泉开发浪潮中，取而代之的是一座时尚豪华酒店，唯有村口的柴桑桥，还让人知道此地曾是一个世界级文化巨人的故里。倘若李白和白居易在天有灵,见此情形,不知作何感想?

杏林:为中国古代医学的代称,其出自三国时在庐山南麓行医种杏的董奉。杏林的确切位置历来众说纷纭,莫衷一是,有人说它在醉石之东,有人说它在金轮峰右侧,也有人说在般若峰下,还有人讲上霄峰有遗迹可寻。据现代学者考证,认为般若峰下说较为可信。杏林附近古有杏坛庵,又名董真人坛,遗址在原温泉中学之北,百年前尚有屋宇。(有关董奉个人事迹详见后文《雁过留声》)

温泉:距星子县城15公里,处在庐山主体与西南黄龙山相接处,水质含氡,具硫黄味。东晋周景式《庐山记》载:"在湖郎庙南数里,主簿山下,穴口周围一丈许,涌出如汤沸,冬夏恒热。"自古以来温泉就一直为人们所利用,唐宋时此地先后建有黄龙灵汤院和净慧灵汤寺。明代李时珍考察庐山时,在其医药巨著《本草纲目》中对庐山温泉的药用价值做了详尽记述。

1935年,民国江西省政府在此开泉五口,辟为休闲地,由省励志社管理。后日寇侵占星子,在此增建洗面池和浴室。1957年,江西省总工会在此兴建工人疗养院,增开三口泉眼,陆续建成物理疗养场所、水疗楼等,配备各种专业技术人员,接纳全国各地前来疗养、度假、旅游、开会等人员,为全国三大温泉疗养基地。2002年始,当地政府招商引资,吸引各地客商投资,建成现代化旅游休闲度假区。

7. 县城景区

"一城依五老,苍冥发空寒。……塔影斜阳淡,湖光草色宽。"这是古人所写《南康城》诗句,虽不算上乘,但却如实地描述了古城风貌。

县城景区由南康府谯楼、周敦颐爱莲池、朱熹紫阳堤、刘凝之冰玉涧、明代西宁老街、陶渊明故居玉京山、落星墩、流星山、陶渊明斜川等景点组成。

南康府谯楼:目前星子县城保存较为完整的古建筑,也是星子县作为千年府治所在地的标志。元至正初年(1341—1346年),南康路总管孙天民在署衙门楼原址上建谯楼,俗称"鼓楼",遂成为南康府的望楼。明天顺五年(1461年),知府陈敏政重建谯楼,下筑崇台,建二贤祠祀周敦颐与朱熹,于谯楼外又增建榜亭30间,形成以谯楼为中心的建筑群。谯楼台基之上有楼阁,为砖木结构,飞檐斗拱,碧瓦琉璃,形貌古朴,气势壮观。据《三国志·周瑜传》:"汉建安十一年,周瑜督讨麻、保二屯,还兵守备宫亭。"宫亭即宫亭湖,又称神灵湖,距星子县城仅三里。清同治《星子县志》载:"汉建安十四年,孙权既破黄祖,乃令甘宁守夏口,孙静守吴会,自领大军守柴桑郡,命周瑜向鄱阳湖教习水军。"故后世称谯楼为"点将台"。谯楼东侧原有一尊花岗石大马槽,长3.5米,宽1米,高0.8米,传为周瑜马槽,惜毁于"文革"。楼前石狮是古物,"文革"时被有心者掩埋于楼南百米之外三岔路口,1979年秋重见天日。笔者曾目睹石狮出土,当时心灵颇受震撼,为藏狮者之胆略而心生崇敬。

周敦颐爱莲池:位于谯楼东侧,为理学鼻祖周敦颐任南康知军时辟建。池呈正方形,池中央筑台建二层亭阁,南北以石桥相接。池名"爱莲池",阁称"观莲阁"。池中植莲藕,为古南康府另一文化遗存。朱熹知南康军时曾重修亭、池,并征得周敦颐《爱莲说》墨迹,镌刻于碑,立于亭内。明嘉靖四十五年(1566年),知府张纯重又整葺一新,重刻《爱莲说》于亭。"文革"时遭到破坏,碑刻遗失,池内杂草丛生,莲藕全无,污浊不堪。20世纪80年代,江西省文物管理部门拨款重修,与谯楼相邻成为当地一处著名景点。

城内老街:旧志上记载星子县城有多条街巷,但经过历代兵燹与风雨,很多已不复存在,有的有名无街(没有店铺),如袁公街、新庙会街、瓷器巷、昌谷巷等。1949年后,城内比较完整的街(两边有店铺)组成一个大的"上"字。底下一横是从南康府衙前通往湖边紫阳堤码头的长街,从与竖交接处分为府前街与砚池街。北段称府前街,通南康府衙;南段称砚池街,因售砚台店铺较多,通南门湖(鄱阳湖)。"上"字上边一短横叫北门巷,通北城门(匡庐门),旧时有钱人多居此,南康府所属其他三县安义、永修、都昌三县在北门巷设有会馆。"上"字中一竖与北门巷连接点称"朱公坡",因此路为朱熹开辟。那一竖上半截叫西大街,下半截叫东大街,又名正街。东大街与西大街实际上是一座岭的两面,如倒"U"形,最高点就是"朱公坡"。故无论东大街还是西大街都是有坡度的,西大街坡更大,显得有些陡。这五条街都不长,均不过100多米,也不宽,3米左右。由于城外不远的东牯山产花岗岩,所以县城的街一律为花岗岩石街面,经过历代行人的脚步打磨,花岗石街面很光滑,下雨行走得小心。"文革"中府前街与砚池街经过扩建,已非旧时模样,仅东大街与西大街还保留了原来光滑的街面石。

东、西大街又统称"西宁街",是星子县古风尚存的明清时期老街。元至正二十一年(1361年),改南康路为西宁府,至明洪武九年(1376年),又改西宁府为南康府。"西宁府"在星子行政命名上仅历15个年头,但至今仍有人呼此地为西宁街。街道两旁老式店铺鳞次栉比,多为砖木结构,以二层居多。整条街道呈陡坡地势,落差近50米,坡顶处称"坡头上"。又因此街近湖边紫阳堤码头,成为南来北往商贾交易之所,在清乾隆年间达到鼎盛。自现代公路运输发达后,鄱阳湖水路交通功能日渐萎缩,西宁街亦逐渐冷寂。20世纪80年代至90年代中期,十几年间有多部影视剧在此拍摄。

刘凝之冰玉涧、陶渊明故居玉京山、陶渊明遗迹东皋岭、落星墩、流星山等,详见其他章节。

紫阳堤:在城南湖滨。宋元祐间,知军吴审礼以郡治濒湖,风涛险恶,往来舟楫停泊无所,遂以木栅作避风港。因草创简陋,10余年后即名存实亡。崇宁年间,知军孙乔年改为石堤,长500余米,堤内又疏浚两处"内澳",可容小船千艘,年久损坏。宋淳熙六年(1179年),朱熹知南康军,见旧堤年久失修,水荡波击,土疏石乱,澳内淤泥堵塞,遂决心重修。次年适逢大旱,朱熹筹钱百万,米五百斛,以工代赈,重修石堤,扩大规模,"三邑之民欢趋之"。在旧堤上增高三尺,益以土石,疏浚澳中淤泥,澳外挺木以护,闸门制备坚固,又于闸内设池引泉,以备干旱。后人以朱熹别号"紫阳"称之,以纪其政绩。后经历代维修,至今仍存。主堤全长280.8米,宽8.7米。

紫阳堤形似弯弓,距岸边石堤约50米,"弯弓"两头向岸边弯曲,从空中俯视如一把蓄势待发的弓箭,当地人又称箭堤。两堤正中建三拱石桥相连,便于货物装卸和人员往来,呈"工"字形,构成一座避风港。1983年始,东面内澳被倾倒垃圾,逐渐淤塞,后成平地,西边内澳仍在使用。2013年,被国务院列为全国重点文物保护单位。

8. 鄱阳湖景区

鄱阳湖,因其东南部有鄱阳山而得名,古人亦有称"宫亭湖"者。宫亭湖原来专指星子县城东南一部分鄱阳湖水域,因湖畔有宫亭庙而得名,后来泛指整个鄱阳湖。也有人称作"扬澜湖"。扬澜在星子县南部20余里鄱阳湖水域,与都昌老爷庙相望。因此处水域风云莫测,至今日科学如此发达亦未能破解,被称为"中国百慕大"魔鬼水域,古人就更是充满疑惑和畏惧。一些经过此地惊涛骇浪之人,自然刻骨铭心,因而以扬澜代称鄱阳湖。宋代抗金民族英雄、著名诗人、宰相李纲因力主收复失地,遭到主和派的反对,被宋高宗罢相,谪降为湖广宣抚使时,乘船经鄱阳湖过扬澜,就写下"世传扬澜并左蠡,无风白浪如山起。我今谪宦此中行,何事恬然风浪止?阳侯也是可怜人,不学世人皆世情"的诗句。李纲认为,"世传扬澜、左蠡(扬澜斜对面水域,属都昌县)一带风浪险恶,今天我遭受贬谪过此处,为何如此风平浪静?是不是鄱阳湖的水神也同情我,不像世上人一样老于人情世故"。

星子县鄱阳湖景区主要景点有落星湾、神灵湖与宫亭庙、"魔鬼三角"、越冬候鸟、湖滨沙滩、湖洲草原等。

落星湾:"萃云台殿起崔嵬,万里长江一酒杯。"这是王安石在星子写下的著名诗篇——《落星寺在南康军江中》的名句。

星子县城南的落星湾,是整个鄱阳湖流域最值得流连忘返的地方。这里风景优美、人文荟萃,一幅天然山水画。名山名湖在此相聚,湖光山色交相辉映。湖湾中最负盛名的落星石,一千余年的传奇令人神往。驻足紫阳堤上,禁不住感叹古人的智慧;荡舟碧波中,令人逸兴飞扬。朱熹在《和彭蠡月夜泛舟落星湖》诗中写道:"长占烟波弄明月,此心久矣从谁说。只今一舸漾中流,上下天光两奇绝……"

落星湾也是北宋名士刘凝之归隐之处,湖畔有"壮节亭"及刘凝之夫妇合葬墓。亭早不存,墓在1980年秋出土。

神灵湖与宫亭庙:神灵湖原名神灵浦,是星子县城东面的一个湖湾,因处在鄱阳湖的咽喉要道,又是自北向南的一个风道口,往来船只过此地,都要小心翼翼,自古以来就颇为神秘。北魏郦道元《水经注·庐江水》载:"(庐山)山下又有神庙,号曰宫亭庙。山庙甚神,能分风劈流,往舟遣使,行旅之人,过必敬祀,而后得去。"古时即有称此处湖域为"宫亭湖"。宫亭庙始建于东汉时期,据传此庙异常灵验,民间多称此地为"神灵湖"。清史《方舆纪要》载:"湖岸多林木,中有神庙,商贾阻风泊此,祈祷而去。"因为神庙之故,此处湖湾遂成为南北水路及商贾停泊避风的天然港湾。以前岸边还有漫浪阁、观莳园与湖庄等,今皆不存。

自南北朝以来,除《水经注》,还有《高僧传》《神鬼传》《幽明录》《浔阳记》《搜神记》《冷斋夜话》等书籍记载宫亭庙的传闻和轶事,越传越神。因宫亭庙神能分风送客,已被中国神话传说列入"风神"一类。南朝梁吏部尚书范云《泛宫亭湖》诗:"回舻承派水,举帆逐分风。"即指此事。

"时来风送滕王阁。"相传王勃南下省亲至宫亭湖时,距南昌阎都督在滕王阁上举行盛会只剩一天时间。此地离南昌还有几百里路程,听说宫亭庙神能分风送客,王勃当晚就到庙中祭拜,祈求神灵相助。次日清晨,王勃登船,果然风向转变,一日顺风,直抵洪都,喜逢阁公盛会,乃有千古绝唱《滕王阁序》。后人敷衍故事,从此留下"时来风送滕王阁"之说。北宋黄庭坚在《宫亭湖》一诗中写道:"一风分送南北舟,斟酌鬼神宜有此。"元人祝诚《莲堂诗话》中曾记载秦观夜宿湖畔宫亭庙下,梦神女赠诗,秦观醒后为其作维摩菩萨像赞的故事。

至今宫亭庙依然香火不绝。每年正月初六,当地渔民或驭船者,均至宫亭庙焚香膜拜,燃放爆竹,然后驾船出港,周游湖面一圈,由此祈保一年顺风顺水。

神灵湖畔还有一处北宋爱国名将张叔夜父子的墓地。

张叔夜,字嵇仲,江西永丰(今广丰)人,以门荫调兰州录事参军步入仕途。后任龙图阁直学士、知青州(今山东益都县)。宋靖康元年(1126年),金兵南下。叔夜上奏,请率骑兵,欲切断金兵归路,未准。后调知邓州,兼任南道都总管。金兵再围京师,叔夜率二子伯奋、伯雄,领兵三万勤王,进签枢密院事。与金兵激战四天,颇有斩获。但终因援兵不至,城陷。叔夜受伤,仍苦战不已。

当时,宋钦宗见形势危急而又后无援兵,不得不亲往金营讲和,叔夜闻知,拦驾请奏,长叩马前,极力劝阻。可笑宋钦宗却以生灵免遭涂炭为由,执意前往,把一次投降之行掩饰成大义之举。金兵进城,叔夜被俘。金人议立异姓张邦昌为帝,扶持傀儡。叔夜拒不签字,坚持立太子以从民望。金帅大怒,将叔夜及二子全部绑押,随徽、钦二帝北迁。行至白沟,闻已临界河,张叔夜霍然起立,仰天号呼,与二子绝食而亡,时年六十二岁。

张叔夜父子的忠诚之举,理所当然地赢得了朝野的尊敬。南宋朝廷为表彰其忠节,谥号"忠文"。宋高宗下诏为其在永丰县墓旁建庙,赐庙名旌忠。该墓为衣冠冢,墓道年久失修,仅存墓门旗杆石。当地有关部门于1986年重修。

张叔夜墓在神灵湖王爷庙东侧20米山丘上。当年张叔夜父子灵柩被运回广丰老家安葬,从长江入鄱阳湖沿水路南下。不知是苍天有意还是神灵显灵,船至神灵湖水域,突然风高浪急,难以前行。在那个国破家亡、风雨飘摇的年月,人们只好就近将张家父子安葬在神灵湖边这块神奇的土地上。

千眼桥:在神灵湖,为沟通星子县城与都昌县多宝乡之间的跨湖长桥,是中国最长的湖中石桥。桥面宽0.82米,由长条形花岗石铺成桥面,松木大桩支撑桥体,有948个孔,因此称作"千眼桥"。古时,千眼桥是星子与都昌县两岸通过鄱阳湖的必经之路。未建桥之前,两岸百姓往来,春夏涨水时可直接上渡船,秋冬枯水期只能淌水踏泥通过宽阔的湖滩再上船,天寒水冷,苦不堪言。明崇祯年间,都昌籍知府钱启忠倡议修桥,一呼百应,历时五年方大功告成,后人为纪念钱启忠,又称"钱公桥"。现为江西省文物保护单位。近年来,由于交通便利,此桥的通行功用减弱,成为一处人文景观。2016年,省文物管理部门拨款90万元,用于维修。2017年2月中旬,修葺工程完工,善莫大焉。

越冬候鸟:"鄱湖鸟,知多少?飞时遮尽云和月,落时不见湖边草。"每年秋末冬初,数以万计的候鸟从遥远的西伯利亚、蒙古以及中国的东北等地来此越冬,不仅引起媒体的长期关注,也吸引了络绎不绝的游客前来观赏,故而鄱阳湖有了"候鸟天堂""白鹤王国""中国第二长城"等美称。1984年,当鄱阳湖发现世界最大越冬候鸟群的消息传遍全球,国际鹤类基金会会长阿其波博士迫不及待地带着他的团队长途跋涉、一路颠簸地赶到鄱阳湖边。当时有确切记载的只有印度还有12只野生仙鹤存活。当他目睹了鄱阳湖上数千只仙鹤,激动得热泪盈眶,对中国同行说,这里才是鹤的家乡。1986年,英国女王伊丽莎白丈夫菲利普亲王陪同女王访问中国,也以世界野生动物基金会会长的身份亲临鄱阳湖实地考察。

星子县境内蓼南乡、苏家垱乡和沙湖山湿地保护管理处,是观赏候鸟最理想的地方,其中蓼南乡蚌湖候鸟观赏站是整个鄱阳湖区所建的第一个候鸟观赏站。越冬候鸟主要集中在鄱阳湖区西北部星子县的沙湖、长湖、蚌湖、西汊湖、寺下湖以及与永修县交界的大湖池、中湖、杨家湖、洲边湖等地。候鸟中较为名贵的有天鹅、鹤、鹳、雁、鹭、鹬、鸳鸯等。此外,野鸭等的数量更是难计其数。天鹅有白天鹅、灰天鹅、黑天鹅,鹤有白鹤、白枕鹤、白头鹤、丹顶鹤与灰鹤。白鹤、白头鹤、白鹳、白额雁属国家一级保护动物,天鹅、灰鹤属国家二级保护动物。鄱阳湖是世界最大越冬白鹤群所在地,白鹤种群数量占全球三分之二;也是世界最大越冬鸿雁群所在地,数量达30000只以上。近年来,由于人们的保护意识日渐增强,越冬候鸟与人类也能越来越和谐地相处,即便在星子县城旁落星湾的草洲滩涂,也能见到大雁一类的候鸟自由飞翔。

湖洲草原:如果有人对你说,想看草原不要去北方,请来鄱阳湖吧!你一定不要认为别人是调侃。鄱阳湖,每年秋冬的枯水季节,湖洲上茂盛的湖草、盛开的水蓼花让人恍若穿越时空,有季节错位之感。这还是星子县城周边的近景。若是深入到扬澜一带的湖洲,茂密的野生芦苇足有2米高,一片青纱帐。近几年,随着自媒体的日益发达,鄱阳湖大草原的美丽风光已是声名远播,每到周日,慕名而来自驾游的人们如过江之鲫,给落星湾平添勃勃生机。

三、从名流遗踪中认识星子历代名人

在星子这方土地上,曾经诞生了光照千古的文化巨人陶渊明,也曾经吸引了历代名人雅士驻足观光、歌咏赞叹,还有博学鸿儒在此为官,泽被一方,更有不少名人在此隐居,留下脍炙人口的诗文和故事……本章选取较有代表性的历代名人在星子的事迹加以介绍。

(一)人杰地灵

1. 田园诗祖陶渊明

陶渊明不仅是世界级文化名人,亦是星子乡贤。

东晋兴宁三年(365年),在县城西北3里的上京山(也称玉京山)下,中国田园诗祖陶渊明呱呱坠地。陶渊明祖上曾经家世显赫。其曾祖父陶侃,官至大司马,封长沙郡公,后迁徙寻阳。祖父陶茂曾任武昌太守。父亲陶逸亦曾任安城太守。然,天公不作美。八岁时,因父亲病逝,家道中落,陶渊明只得和母亲、妹妹一道，寄居于外祖父家。

陶渊明年少即有大志，自东晋太元十八年(393年)二十八岁始，数次离家谋求官职，以展鸿鹄之志。他先后做过大小不一的官吏，时长时短。孔子云："君子谋道不谋食。君子忧道不忧贫。"(《论语·卫灵公》)陶渊明既谋道亦谋食，但却是只忧道而不忧贫。与很多谋道亦谋食的人相比，陶渊明很另类地始终坚守着"道"，固守着心中的价值标准。一旦谋道与谋食相矛盾，便毫不犹豫地选择谋道。当他面临着"真风告逝，大伪斯兴，闾阎懈廉退之节，市朝趋易进之心。怀正志道之士，或潜玉于当年；洁己清操之人，或没世以徒勤"(《感士不遇赋并序》)这样与自己心中所怀道义格格不入的现实状况时，只得"瞻望邈难逮，转欲志长勤。……长吟掩柴门，聊为陇亩民"(《癸卯岁始春怀古田舍·其二》)，毅然选择舍弃官位回家种田。所谓"不能为五斗米折腰，拳拳事乡里小人邪"，借口而已。

陶渊明回到家乡，"久在樊笼里，复得返自然"(《归园田居》)。自此，便"种豆南山下……带月荷锄归""相见无杂言，但道桑麻长""山涧清且浅，可以濯吾足。漉我新熟酒，只鸡招近局"(《归园田居》)，"有风自南，翼彼新苗……人亦有言，称心易足。挥兹一觞，陶然自乐""采菊东篱下，悠然见南山。……此中有真意，欲辨已忘言"(《饮酒》)。

"登东皋以舒啸，临清流而赋诗。"(《归去来兮辞》)外出求官，辞官归田，恣意游乐，躬耕陇亩……无论是顺心还是失意，是衣食无忧还是临门乞食，所有人生百态，渊明均能染翰操觚，化作诗文。四言旧诗，继诗经之后而成绝响；田园诗风，被后世尊崇称为鼻祖。归去的渴望,酒后的畅想,敷衍成文,竟为时代绝唱——

每观其文,想其人德。(钟嵘《诗品》)

晋无文章,唯陶渊明《归去来兮辞》一篇而已。(欧阳修)

晋宋人物虽曰尚清高,然个个要官职。这边一面清谈,那边一面招权纳货。陶渊明真个能不要,此所以高于晋宋人物。(朱熹)

渊明之作,宜自为一编,附《三百篇》《楚辞》后,为诗根本准则。(张溥)

千秋之诗,谓唯陶与杜可也。(陈祚明)

陶渊明是整个中国文学传统上最和谐最完美的人物……他的生活方式和风格是简朴的,令人自然敬畏,使那些较聪明与熟识世故的人自惭形秽。(林语堂)

中国所有的旧诗人中,如果从"人"与"诗"之质地的真淳莹澈而言,自当推陶渊明为第一作者。(叶嘉莹)

而苏轼,盛赞渊明之作超李、杜,倍加推崇。

距上京故居10余公里处的庐山温泉旁边,有陶渊明另一处故居——栗里南村。村后庐山虎爪崖下,至今还留有陶渊明的醉石、醒泉、濯缨池、归去来馆等遗迹。

在庐山南麓的狭小天地里,陶渊明构思出一篇描写人类共同追求的大文章——《桃花源记》。自此,陶渊明便成了中国古代文化之山的一座高峰。

陶渊明在华夏五千年历史长河里涌现的名人当中,显得很另类,在中国文化史上的形象十分独特。他没有功名,承接祖上的名声,勉强算作名门之后;他也曾经怀着"大济苍生"的志向,外出为官,但却没有令人难忘的政绩。然而,陶渊明在中国文化史上的地位却非常突出,让每一位读过其作品的文人悠然神往,更让每一位踏上其故土的有识之士怦然心动。千百年来,获得后世文人众口一词倾心仰慕者,唯陶渊明一人而已。陶渊明是永恒的,他是我们的共同财富。他不仅属于历史,也属于未来。

2. 髻山学派首领宋之盛

明末清初,一批文人云集星子县华林境内髻山专心治学,逐渐形成一个理学学派——髻山学派。

髻山学派以星子人宋之盛为首。宋之盛(1612—1668年),字未有,又名宋佚、宋惕,明末清初著名学者、理学家、隐士、"江西三山学派"创始人之一。因其世居白石嘴(今华林乡境内),自号白石野人。宋之盛自幼聪颖,博学强识,随着年龄渐长,其声名日隆。南昌士族李太虚慕名延其至家塾传经,宋得以与南昌杨益介等大儒交游。明崇祯十二年(1639年)中举后,宋漫游扬州等地,后回乡设塾馆讲授为业。明亡,宋之盛更名宋佚,又名宋惕,以名其志。遂不复出,隐居星子县黄龙山青霞观讲学,后迁往丫髻山,以《诗》《大学》《礼记》等儒家经典为教材,继续授徒。前后从其学者达数百人。清顺治七年(1650年),江西巡抚蔡士英闻其名,礼聘宋为白鹿洞书院山长,他坚辞不受,并发誓从此不入城、不做官、不拜谒清朝官吏。每逢明亡之日,必穿戴明代衣冠,闭门谢客。虽然自此生活清苦,但砥砺操行。鸡鸣而起,静坐养气。一方面不与清廷合作,另一方面则潜心治学,宋之盛逐渐成为"江西三山学派"领军人物之一。

清初,各种学术思潮如潜流回旋,寻找中国传统文化的出路,江西三山学派在此背景下产生,虽然主张有歧义,但由于都要面临外族统治,故能声气相求,取长补短,促进了江西学术的发展。

宋之盛治学宗程颢,以识仁为归,功夫用于涵养本源。他精研《春秋》,微言妙旨,了然于心。晚年攻读胡居仁《居业录》,持敬功夫更加密切。尝作《仁论》,以生生不已之仁道,批评禅学之无生,反对道家形与神不离说、禅学形与神离说。仁心即是太极,心与物为一体。张尚瑗曾作《宋惕传》。

宋之盛对王阳明心学不以为然,认为王阳明《传习录》说"心即理也"大误,并且以为王阳明认良知为天理之说大谬。其著述颇丰,有《求仁篇》《乙巳岁余录》《丙午山间语录》《程山问辨》《匡南所见录》《太极归心图说》《大学咏》《丧礼订误》《髻山语录》等。今仅存《髻山文钞》,收入《豫章丛书》。

宋之盛亦擅长散文。胡思敬评价其"虽讲宋学,而文笔清挺,无宋末语录之弊,如篇中《郭义士传》《先府君墓志》诸作,虽冰叔(魏禧)、躬庵(彭士望)无以过也"。

与宋之盛一同归隐的还有吴一圣、查世球、查辙、余晫、夏伟、周长孺等,人称"髻山七隐"。

(注:本篇根据胡迎建先生《星子髻山七隐》一文改写)

3. 渊明后人陶尚德

陶渊明身后,子孙繁衍,广布各地,其中以四十一世裔孙陶尚德最为著名。

陶尚德(1487—1571年),字祖容,号剑峰,星子栗里(今华林镇陶家仓)人。因家贫,年届三十方得入南康郡庠,成为府学生员。据旧志记载,明武宗正德十四年(1519年),据守南昌的宁王朱宸濠起兵反叛朝廷。叛军自南昌出发,沿鄱阳湖顺流而下。当叛军临近南康府时,知府陈霖及一帮官员和府学教授等弃城而逃。彼时陶尚德仅为府学生员,却临危不惧,号召大家死守府学。待后来王阳明击败叛军,收复南昌,生擒朱宸濠,叛乱平息。因为陶尚德率领府学生员和民众顽强抵抗,南康府学宫得以保全。仅此一事,陶尚德的精神、品格可见一斑。

两年后的明嘉靖元年(1522年),陶尚德被荐为举人,嘉靖五年(1526年)中进士,任刑部主事。嘉靖八年(1529年)任云南御史,多次上书朝廷,就大礼、防边、漕粮、茶税等谏言献策,均获采纳,其具体措施被清朝继续沿用。嘉靖十二年(1533年),陶尚德调京师,任都御史兼协吏部考察专员,后晋升左司空,受理监建京城外罗城,继修十王府。复擢升为刑部尚书,加太子太保,官一品,为星子籍历代官员中爵禄最高者。陶尚德虽在京城政绩卓著,但其时正逢严嵩朋党把持朝政。陶尚德不与严嵩同流合污,遂辞官归乡。嘉靖皇帝悯其先德,嘉其品行,乃"赐玉归田"。回乡后,陶尚德闭门著述,撰有《宾庐堂稿》《鸥波亭集》。

星子县有两处纪念陶尚德的牌坊,一座建于嘉靖年间,俗称"嘉靖牌坊"。该坊位于今星子县城紫阳南路街口、原县委大院正门左对面,三开三檐,雕刻精美,极为雄伟。1960年,江西省人民政府将该坊列入省级文物保护单位。"文革"期间，大破"四旧"，造反派砸坏牌坊，仅剩左边一开立于人行道上，如一座门框。被拆构件大多堆放于县委院内，部分构件散落于点将台东侧草丛中及原财政局后院。二十余年前，本地文化人士多次议及此事，拟请有关部门将原件拼接，复原"嘉靖牌坊"，惜无人纳谏。2004年，星子县进行商业开发，此地建造商品房，最后将牌坊残存全部拆除，至此，"嘉靖牌坊"荡然无存。

明隆庆元年（1567年），明穆宗继位，严党悉数倒台。穆宗念及陶尚德之品行，特赐羊酒、彩巾等以示慰问。隆庆五年（1571年），陶尚德病故，享年八十四岁，穆宗又赐谕葬。其墓在星子县城北珠琳湖滨淀山，至今石人石马仍存。南康府遵朝廷旨意，将其入祀乡贤祠，并在府衙前大街立坊，史称"天恩存问坊"，今不存。

4. 星湖居士曹龙树

曹龙树，字松龄，号星湖，晚年号七松居士。清乾隆十四年（1749年），出生于星子县横塘新屋曹村。其生性聪颖，六岁入私塾养云精舍启蒙，八岁学诗，十岁受业于邹举人。因才思敏捷，善于应对，获"神童"之名。十五岁在庐山香泉寺受业时，遍游庐山风景名胜，每到一处，均以诗记之。十九岁县试第一，二十二岁乡试中举。二十二岁进京会试不第，三十五岁再次会试落榜。因饱读诗书又富文才，后补授咸安宫教习，在京城教授八旗生员。乾隆五十一年（1786年）知沛县，复知桃源（今泗阳县）、如皋等县，在江苏任职共计达十四年之久。

曹龙树在江苏为官，主要政绩为治水。任如皋知县时，与著名文学家、江宁知县袁枚结为挚友。清嘉庆元年(1796年)，曹龙树《星湖诗集》二十七卷刻印，袁枚为之作序。

在如皋县，曹龙树以爱民为本，宽猛相济，讼风渐息，连年丰收。当时全县境内所种麦子出现一茎二穗、三穗甚至八穗，且有连理，百姓奔走相告，以为祥瑞。曹龙树也深以为奇，特作诗以记，一时和诗纷呈，达千余首。县内耆老绅士，相约奉送匾额于县衙，齐赞"政和祥应"。袁枚于《星湖诗集》序中曾言："明府能游刃治之，不稍累其神识，真异人！既而思之，诗之与政，原息息相通，古人诵诗三百，然后授之以政，诗教也。"将曹龙树为官之道提升于德治高度，后人因此称其为"诗教县令"。

曹龙树在江苏为官10余年里，从不懈怠，每至一处官署，必张联为铭以自警。题沛县公堂联："恭则不侮，宽则得众，信则人任，敏则有功，惠则使人，可以从政矣；惠而不费，劳而不怨，欲而不贪，泰而不骄，威而不猛，何有于我哉？"题桃源县公堂联："水陆两冲，差务偶停民事理；湖河四会，工防无故野田丰。"题如皋县公堂联："酌理准情，到无可遁之时，何容强辩；听声察色，稍有堪疑之处，且缓用刑。"这些联语，今日亦可借鉴。

后曹龙树因病辞官，返乡养老，建憩云楼、七松园、六柳堂，常与昔日同窗好友、乡间名士雅集。其所撰《题陶潜先生上京栗里故居辨》一文，为古代研究陶渊明生平事迹的一份重要资料。主要诗文有《星湖诗集》二十七卷、《星湖联集》一卷、《养云精舍文集》四卷，是星子当地古人之中留下诗文著作最多者。1980年江西人民出版社出版的《庐山历代诗选》一书，李白选诗六首,苏轼选诗四首,朱熹选诗四首,曹龙树选诗五首。

2017年6月11日,笔者驱车与文友一道至横塘镇拜谒曹龙树故居。老屋一进三重,有两口长方形天井,为明清时期徽派建筑风格。所惜年久失修,呈颓败之象。然屋宇尚算完整,木质斗拱、隔板均雕刻精美,有部分破损。房间阴暗潮湿,略显杂乱。正值江南梅雨季节,天井四围地面已生青苔。正厅贴有中堂画,大门有对联,天井旁有洗衣水桶,估计该房屋尚有人使用。如若不加修葺,恐有湮灭之虞。

(注:本篇根据李代良先生《诗政双星曹龙树》一文改写)

(二)名贤过化

因为府县同城,在近千年的时光里,有几位在中国古代文化史上如雷贯耳的名字出现在南康军、星子县地方长官任上,如周敦颐、朱熹等。他们不仅是地方名宦,同时在学术和文学上也是大家。同时,还有一些名人在此为官,如孔子嫡传后裔孔宜为星子首任知县。

宋朝,对于中国有些地方,也许没有刻下深深的历史痕迹,但对于镶嵌在庐山和鄱阳湖之间的弹丸之地星子,将掀开崭新的一页。从此,"真儒过化"之地,就成了当地人世世代代引以为傲的一张品牌。

1. 圣裔知县孔宜

在山东曲阜孔府所藏《孔子世家谱》中,着重记载了孔宜就任星子知县一事。

星子自宋太平兴国三年(978年)立县,至2016年撤县设市,历1038年,其间历任知县不计其数,历代名宦首推孔宜。清同治《星子县志》在《名宦》一章中,将孔宜列为第一,并注:"太平兴国三年,《紫阳纲目》载以孔宜袭封文宣公。考星子初升为县,自太平兴国三年始。孔公之知星子亦于是年,立县之初,幸得圣裔司牧此地。"评价如此,崇敬自豪之情跃然纸上。星子自立县之日,即与孔子后裔结缘。

孔宜,山东曲阜人,孔子第四十四代嫡传长房长孙,宋太宗赵匡义时封为"文宣公"(沿用唐朝封号——笔者注),即后之"衍圣公",是孔子后裔中的代表人物。星子号称"真儒过化"之地,第一任知县就是孔子的袭封传人,也就是"衍圣公",非同一般。

中国历史几千年,自汉武帝"罢黜百家,独尊儒术"以后,儒家思想一直是历朝历代的统治思想,是正统的意识形态。至今儒家思想文化依然融化在中华民族后人血脉之中,成为中华民族文化基因、道德基石。在孔夫子故里——山东曲阜,孔子后裔一直享受着朝廷的优待,自西汉朝廷赐予其长房长孙爵号开始,历朝历代都予以加封,封号也各不相同。宋仁宗至和二年(1055年),封号改为"衍圣公",是一种标明正统文化的象征。这一封号得到后世历代帝王认同,一直沿袭至民国初年。辛亥革命推翻帝制,进入民国。为了表示对中国传统文化尤其是以孔子为代表的儒家文化的尊重,民国政府于1935年改任最后一位衍圣公、第七十七世孙孔德成为"大成至圣先师奉祀官"。后孔德成随民国政府移居台湾,于2008年10月28日去世。2009年9月,封号传到孔子第七十九代孙孔垂长(孔德成之孙)。

当历史的车轮从五代十国纷乱的年代中摇摇晃晃地走出，进入中华民族历史上又一个高度繁荣的朝代——北宋，星子迎来了划时代的一个贵人——孔宜。没有孔宜，就没有星子县，或者说就没有那么早出现星子县，更不可能出现南康军(府)。因为星子县(包括南康军)就是孔宜向朝廷启奏而设立的。

五代十国，战乱频起，改朝换代如走马灯一样，文化纲常自然无人顾及。这一时期，孔子后裔，遭受自西汉以来罕见的冷落。北宋初定，百废待兴。宋太祖赵匡胤，本是一介武夫，立国之初，不重儒学。其前朝后周政权曾废除曲阜孔子长房后裔免税特权，他沿用旧制。当时，曲阜孔府主祭孔宜未能袭封文宣公爵号，为能登堂入室，只得与莘莘学子一道进京参加科考。名落孙山之后，孔宜上书宋太祖赵匡胤(宋代除了科举考试选拔人才外，还允许推荐或自荐)述其家世，谋求皇恩眷顾。太祖召见孔宜，口中虽说"复其宗"，然仅赏其曲阜县主簿，主掌孔府祭祀，仍不封爵。后朝廷获知孔宜声名，迁黄州(今湖北黄冈)军事推官，佐理军务，实绩甚多。宋太宗即位，召见孔宜，调任司农寺丞，掌管江州德化县星子镇市征。

孔宜于宋太平兴国三年(978年)，赴星子镇。上任不久，孔宜发现星子处在江南水路要冲，为南北水运咽喉要道，无论从和平时期的交通运输条件，还是战争状态下的攻防转换状况来看，星子的地理位置都非常重要。中国古代南北交通主要靠水路。自隋炀帝修通京杭大运河之后，中国南北的五大河流就连成了一个水路体系。远在广东的人，可以坐船从赣江入鄱阳湖,经星子,入长江,转运河北上,过淮河、黄河、海河,直到北京紫禁城墙下的码头。同样,身处北方和中原地区的人,也可以通过这条水路,从遥远的北方和中原大地一路南下。

孔宜即上表朝廷,言"江右初平,星子据江湖之要,宜设军治以镇之"。请升星子镇为军(同府治)。所谓"江右初平",是指北宋在太平兴国三年刚刚吞并盘踞在今天福建、浙江一带的两个割据政权——漳泉、吴越,实现了南方的统一。孔宜认为,要想长久统治江南,维持南方稳定,必须在星子镇这个"南国咽喉,西江锁钥"之地设立一处比镇更高级别的行政管理机关。这封奏表彻底改变了星子的历史地位。

朝廷以星子"地狭人稀,商贾不稠"为由,只准升县治,孔宜就任知县。以星子镇为依郭,以县北45里吴章山为界,山北属德化,山南属星子,星德始分。孔宜期满谢任,回朝复命,献文、赋数十篇,深得宋太宗赏识,认为孔宜"言忠行笃,守法奉公",擢升孔宜为太子右赞善大夫,同时恢复孔氏世袭封号,孔宜袭封文宣(袭封文宣公爵号一说与清同治《星子县治》记载相差三年,待考)。旋又奉旨修缮曲阜家庙。后宋太宗北征契丹,孔宜奉诏督粮饷,过拒马河(今河北省西部大清河支流)时溺水而亡,为国捐躯。孔宜虽未能显赫于世,但其以勤勉尽职和为国尽忠的操行为孔氏家族重新赢得崇高的地位和当权者的尊重,值得后世敬仰与推崇。而他主政星子的经历也为星子县历史抹上一笔浓厚的儒家正统文化色彩。

虽然,当初孔宜请设星子军治未成,然仅过四年,即宋太平兴国七年(982年),朝廷即在星子设南康军。从此,南康军

(府)星子县就成了南来北往的一处重要码头,迎来了无数文化巨擘在此停留,留下了我们至今引以为傲的文化遗产。南康军(府)治所在星子县延续近千年(共计932年),直至民国初年废。仅此一事即可见孔宜为政眼光超于常人,惜乎当时不为朝廷所识。

从孔宜驻足星子的那一年开始,星子就从全国数以万计的小镇中脱颖而出,登上政治舞台,进入朝廷视野,加上后来历任行政长官的不懈努力,逐渐成为一处人文荟萃的理学名邦。

2. 理学鼻祖周敦颐

在星子县设立南康军几十年之后,迎来了影响中国近千年的理学文化开山鼻祖——周敦颐。周敦颐选择了南康军(星子县)并终老于庐山,他把南康军(星子县)作为其传授思想理论最后的大本营,并在星子县城留下不朽的传世之作,他也是星子历史上第一个配享文庙的地方官员。

周敦颐(1017—1073年),字茂叔,道州濂溪(今湖南省道县)人。幼年丧父,得舅舅郑向抚养成长。周敦颐二十岁时,舅舅向皇帝保奏,为他谋到了一个监主簿的位置,从此周敦颐踏入仕途。他一生从政,长期担任地方州、县一级的行政长官。在广东任转运判官时,自感身体不适,便选中庐山以作终老之所。在这之前,他任南昌知县时,曾经到九江、庐山一带游览,一见倾心。如今九江甘棠湖上的烟水亭,即由其首建,初时取名"浸月亭",后浸月亭屡经兴废,取"山头水色薄笼烟"之意境,改名"烟水亭"。现在九江市有濂溪路、濂溪居委会、濂溪大道等。2010年,在星子县新建道路命名会议上,笔者曾提议将爱莲池旁一条路称为濂溪路,但其他与会者认为九江刚刚命名了一条濂溪大道,有重名之嫌,遂改为爱莲路,权当星子对这位历史名人的一点纪念。

周敦颐选择南康军作为人生旅途的最后一站,卜居庐山东北莲花峰下。此地有一条小溪蜿蜒而出,与其家乡的濂溪很相似。为了一慰思乡之情,他便称这条小溪为濂溪。他还在溪边建了一座学堂,也取名为濂溪书院。他在南康县时收的两位门徒程颢、程颐也跟随到了濂溪书院,继续学习。后来,程颢、程颐与后出之朱熹,将周敦颐创立的理学发扬光大,统称为程朱理学。向朝廷请调到南康军工作并得到批准后,周敦颐于宋熙宁四年(1071年)到南康军所在地星子县上任,次年便辞职回到濂溪书院,一边休养,一边讲学。时间虽短,但从此周敦颐这个名字与庐山、与星子县永远结合在一起,成为不少人追寻的精神财富。在庐山之麓,他继续提炼自己开创的理学思想,影响了后世各朝,至今余音未了。

在中国古代思想史上,周敦颐被尊为理学鼻祖。他著《太极图说》,创立了濂学,上接列圣,下开群儒,阐发天理,端正人心,使孔孟绝学光大于宋、盛行于世,是中国历史上的大哲学家。南宋时,许多地方为周立祠,对其推崇备至,称"其功盖在孔孟之间矣"。南宋理宗朝,周敦颐牌位奉入孔庙,列东庑先儒,享受天下读书人的朝拜和祭祀。

宋颐宁六年(1073年),周敦颐病逝,享年五十六岁,遵照遗愿,葬在离书院北5里的栗树岭下。现在海内外自称濂溪后人的周氏后裔,时有来此祭扫者。2006年,濂溪墓被江西省人民政府列为省级重点文物保护单位。

周敦颐不仅在南康军(星子县)留下千古名篇《爱莲说》(详见后文《名篇佳作》),也吸引了唐末定居江西的孔子后裔中的优秀人物来到星子,拉开孔子后裔迁居赣北的序幕(详见后文《雁过留声·孔子后裔的庐山情缘》)。

3. 状元知军舒亶

舒亶任南康知军时间非常短暂,未能留下事迹。因其本人的状元身份,应算名人,故列入名宦一章。

舒亶(1041—1103年),字信道,号懒堂。明州慈溪(今浙江省慈溪县)人。宋英宗治平二年(1065年)进士,试礼部第一。官至御史中丞、龙图阁待制。在担任御史中丞期间,曾同李定一道认定苏轼用诗文讥讪新法,锻成乌台诗案。工词,王灼认为其词"思致妍密"。丁绍仪说:"舒亶与苏门四学士同时,词亦不减秦、黄。"赵万里辑有《舒学士词》一卷。晚年知南康军,未几,卒于任上,赠直学士。一说舒亶离任南康知军后,往湖南平叛。今两说皆存,待考。

4. 父子知军朱熹、朱在

周敦颐逝世一百〇六年后的宋淳熙六年(1179年),有一个人带着随从,自星子县西面德安县向南康军行进,这个人不仅是中国历史上又一位可与孔孟相提并论的大儒,同时也是一位将周敦颐创立的理学思想发扬光大,形成一整套理论,并且将这一思想理论上升为国家统治思想的人物,他就是新任南康知军——朱熹。

朱熹(1130—1200年),徽州婺源万安乡松岩里(今江西省婺源县紫阳镇)人,号晦庵、晦翁,别号紫阳、考亭。少时随父朱松寓居建阳(今属福建省),十九岁擢进士。后历任多处地方官职,然一生之中出任一方行政长官共三次,知漳州仅一年,知潭州只有三个月,知南康军两年零一个月。据清同治《星子县志》所述,其在任南康知军期间,"兴学宫,建公廨,蠲星邑之租税,立先贤之祠宇,造石闸以捍水,出官粟以济民,遗爱余迹斑斑固在也"。这段文字准确地概括了朱熹在南康军(星子县)主政期间的主要事迹。当地人称颂朱熹在南康军的功德堪与庐山五老峰比肩,誉为匡庐"六老",立祠以祀。

朱熹传承了周敦颐及其弟子"二程"的学说,但又超越了理学领域所有先师。像周敦颐一样,朱熹身后也入了孔庙,并且在孔庙中的位置超过了先师周敦颐。周在孔庙中列东庑先儒,而朱则入了正殿,作为"十二哲"配享。孔庙大成殿内,正中自然是至圣先师孔子塑像,两旁"四配"分别是复圣颜回、宗圣曾参、述圣子思、亚圣孟轲。东西两壁配享的"十二哲"中,除朱熹外,其他十一人均是孔子当年学生。周敦颐的两位最优秀弟子程颢、程颐,也是作为东庑先儒配祀。在中国古代,身后能够配享孔庙,和孔子一道接受祭拜,是历代读书人的最高理想和无上荣光。

朱熹在南康军第一年,秋旱;次年,连续大旱。首先,他屡屡上表,蠲减赋税,为民请命,前后上表达九次之多。其次,四处祈雨。据说,他到蛟塘西庙祈雨感动了上天,喜降甘霖。第三,以工代赈,修建南门码头(紫阳堤)。修码头既解决了灾民吃饭问题,又建成了鄱阳湖上一处重要避风港。紫阳堤是一处自建成以后至今一直在使用的避风港，2013年，被国务院列为全国重点文物保护单位。

朱熹在南康军任上时，曾有人谏议朝廷将南康军治所迁至湖口县，因朱熹力阻而未成。此后数百年间，再无人有此动议。

朱熹调离南康军之时，还为灾后百姓着想：租税不减不休请，纳粟不赏不受职。宋淳熙八年（1181年）三月二十五日，朱熹调任，即上奏朝廷请求减免星子百姓赋税、奖赏为赈灾捐出粮食的大户。调离当年，朱熹加升直秘阁，前后两次上奏要奖赏在星子赈灾中的有功之人，并且言明如不兑现即辞职不就，先后三上辞呈，其拳拳爱民之心，日月可鉴。

朱熹知南康军期间另一重要业绩，是重兴白鹿洞书院（详见前章《白鹿洞书院景区》）。

朱熹不但勤政，亦勤于治学。白天忙于公务，夜晚则读书著述。南康军任内是其学术发展和文学创作的高峰期，有《庐山杂咏》等诗词一百二十一篇，《卧龙庵记》等艺文九十六篇，《白鹿洞规》等礼制文四篇，《知南康榜文》等公文二百余篇。近年有学者考证认为，朱熹校正《太极通书》、修订《诗集传》、补订《论孟要义》、校订《急就篇》，再校注《大学章句》《中庸章句》《论语集注》《孟子集注》、整理其父诗文《韦斋集》等等，均在南康军任期内，其勤奋程度可见一斑。

明代南康知府刘麒在其《重建南康府堂记》中如此称颂朱熹：

紫阳莅于兹邦凡三载，重建白鹿洞书院，诲迪诸门人，卒传道学者数人，与夫救荒化俗之政俱在南康，集中其功烈之大，炳然巍然与斗牛争辉,与匡庐彭蠡同其高大,与天地相为久远,猗欤盛哉!

如旧志所述,朱熹在南康府(星子县)为官时间虽短,但其留下的政绩足以令后人景仰。星子县如今还有紫阳路、紫阳堤、紫阳广场、紫阳码头等名称,以前还有紫阳门。这些,都是星子人对朱熹的纪念。

朱熹调离南康军三十八年后,其季子朱在继承父亲衣钵,出任南康知军。

朱在,字敬之,又字叔敬,小字秦,恩补承务郎。朱熹任南康知军时,朱在年仅十岁,与父同行。宋嘉定十年(1217年),朱在以大理寺正知南康军,重回幼年生活之地。南康地瘠民贫,朱在秉承先父遗风,节约官府开支,代百姓上交税赋计缗钱达六万余。同时兴文教,为扩大白鹿洞书院规模,完善其功能,朱在为白鹿洞书院修先贤祠、延宾馆、进洞之路;扩修礼圣殿、学舍及庖湢(音"币",浴室)等,使书院规模为天下郡学所不及。由此可见,白鹿洞书院之所以成为"海内书院之首",实是倾注了朱家父子两代知军心血。

(三) 雁过留声

历代曾在星子驻足的名人灿若繁星,本章选取几位在中国历史上闻名遐迩的人物为代表,略加展示。

1. 董奉的医德传奇

明永乐二年(1404年)状元、江西永丰曾棨到庐山寻找董奉杏林时写下这样的诗句:

董仙昔日家何处？云在芙蓉峰下住。

当时种杏尽成林，岁岁开花千万树。

　　长期以来，董奉给人的是一种概念，他的形象一直好像有些模糊。但他所开创"杏林春暖"的医德旗帜，标榜在一千余年的历史长河中，丝毫不会褪色。如今，这面旗帜依旧鲜亮。因此，踏进庐山山南，从时间顺序上探寻，第一个不应忽视的外籍名士是董奉。

　　董奉与谯郡华佗、南阳张机（仲景）并称"建安三大神医"。三人之中，华佗名气最大，与张仲景一道被选入中学历史教材。董奉则走了另一条路——隐居修道，并由此树立了中国传统医德的一面旗帜——杏林春暖。

　　中国文化人，几千年来一直在儒和道之间取舍、徘徊。儒家的入世和道家的无为常常是中国古代知识分子人格和精神的两面。这两面统一在一个人身上，就构成了中国文化人特有的风格和魅力。董奉的职业是医生，要面对大众。隐居与医生的职业需求完全背道而驰。不过，董奉在隐居的时候依然为人治病，他是在无为之中做到有为。在兵荒马乱的年代，隐居是为了达到了儒家独善其身的境界。因此，董奉在庐山山南的隐居，就被后人赋予了很多传奇色彩。

　　在一些方志记载中，董奉被归入仙类。清同治《星子县志》《德化县志》及《庐山志》《浔阳志》《历世真仙体道通鉴》等古籍均有关于董奉事迹的记载。

　　清同治《星子县志》，董奉在众"仙"中依时间顺序列第三。前面两位分别是尧帝时期的钱铿和周朝的方辅先生。志载：

董奉,字君异,侯官(今福建省福州市长乐区——笔者注)人,有道术。隐庐山,为人治病不受谢,唯令种杏一株。数年成林,杏熟易谷,以济贫民。永嘉中仙去,今庐山杏林,乃其遗迹。

该书"杂志"中记载:

杏林,在县西二十五里,醉石东。三国时,董奉卖药种杏成林,今废。

另外,书中在"山川志"中关于泉水的记载又涉及杏林:"香泉,在谷帘泉侧,东流经杏林,故名香泉。"笔者以为此处记为谷帘泉应是玉帘泉之误,因谷帘泉在康王谷,距古人所传杏林在"醉石之东,或金轮峰右侧,或般若峰下,或在上霄峰"等四处遗址地点不符,而金轮峰侧有玉帘泉。

1991年初夏,国家中医药管理局局长朱杰从省会南昌过来,到星子县考察董奉杏林遗址,县政府领导点名要笔者担任摄影工作。朱杰局长在新建县中医院座谈时,提议将星子县中医院更名为杏林医院。其后不久,中医院楼顶上便立起了"杏林医院"四个巨大红字。

当然,形而上的东西如果能有一个物质的载体,就更能彰显其文化魅力,更能走出象牙塔为大众所接受。据说古人曾在庐山建有董奉馆。现在,董奉故里——古槐镇龙田村雁堂村交界处,建有董奉草堂,仿后汉三国时代建筑风格,四周遍植杏树。反观"杏林春暖"的诞生地星子县,至今没有动作,而有些人将"杏林文化"挂在嘴边,只不过是作为招商引资的一块招牌。当今国人对待优秀传统文化,态度不过如此。

2. 王羲之的神笔遗踪

在庐山南麓归宗寺,留有书圣王羲之的诸多遗迹,其中洗墨池历来为人们所重视。宋代祖无择《右军墨池》诗中写道："匡庐峰下归宗寺,曾是当年内史居。茧纸世传遗迹后,墨池人记作书初。"

东晋成帝咸康初年,王羲之出任江州(今江西省九江市)刺史。晋咸康六年(340年),王羲之在庐山南麓金轮峰下玉帘泉边建别墅。因崇拜著名书法家张芝"临池学书,池水尽黑"的刻苦精神,王羲之也在金轮峰下别墅旁的水池练字洗笔,因他苦练书法池水渐呈现黑色,故后人谓之"羲之墨池"。

传说中书圣王羲之的洗墨池,不止庐山一处。在江西临川、浙江会稽、永嘉,湖北蕲水等地都有,真假难辨。其中江西临川城东一处,因曾巩为之撰《墨池记》而影响最大。星子归宗寺殿阁后王羲之洗墨池,水为黑色,墨池今仍存。王羲之曾任江州刺史,故庐山南麓右军墨池遗迹,颇有可信度。清代翁方纲为此地所写《墨池记》,就对此进行辨证:

《庐山志》曰,晋王羲之守浔阳,览胜于山之阳。解郡后,卜居于金轮峰下。时西域僧佛驮耶舍持舍利来,羲之舍宅为寺以居之……《王忠文记》曰,归宗寺有池,水色正黑。羲之慕张芝,临池学书,池水尽黑,此其迹也。或曰,临川亦有墨池,南丰曾氏为记。盖深疑之,以谓方羲之不可强以仕,尝极东方出沧海,以娱意于山水间,岂其徜徉此两地耶?愚按:南丰此文犹是想象遗迹之词耳。若以晋史言羲之刺江州,晋志亦言浔阳柴桑皆属江州,则墨池之在庐山者,当较临川为得其实矣。且南丰虽疑而尚必记之,则此寺舍宅之由与临池之迹,虽不能确指其时日,而又何可使之湮没耶?

相比曾巩仅凭当地传说而撰《墨池记》，翁方纲撰此文，则于史志取资料为依据，似更有说服力。

归宗寺东有玉镜溪，相传王羲之曾在此蓄水养鹅，古人曾在溪旁石坡上刻有"右军鹅池"四字。有关"羲之爱鹅"故事，也如墨池一般多处皆有所传。庐山博物馆珍藏一幅王羲之墨迹，落款为"永和年辛亥春三月王羲之书"。整幅挂轴只有一个大大的"鹅"字，俗称"羲之一笔鹅"，上有苏轼、米芾、朱熹、赵子昂等名人题跋。

归宗寺后玉帘泉下有一天然石洞，相传王羲之住归宗寺时常来此听瀑练字，民间呼作"羲之洞"。洞口狭小，仅容一人俯身而入。下行数步，豁然开朗，洞室十余平方米，且临溪一侧如开门户。端坐洞中，可观淙淙溪水自眼前流过，甚是奇异。洞极隐蔽，非本地人不知，外来游客攀至玉帘泉下，已是气喘吁吁，多欣赏瀑布雄姿，故多与此洞失之交臂。

3. 山水诗祖谢灵运的失落

"旧时王谢堂前燕，飞入寻常百姓家。"唐朝刘禹锡名作《乌衣巷》中的两句诗，似乎也能用在庐山。因为诗中所指东晋煊赫一时的王、谢家族，其子弟王羲之和谢灵运都曾投入庐山的怀抱。王羲之来庐山时，家族势力尚在兴盛之时，而到了谢灵运时，执政的是刘宋王族，与王、谢士族的矛盾日益复杂，谢灵运也在长期的权力争斗中身不由己地一步步走向命运的终结。

谢灵运（385—433年），南朝宋陈郡阳夏（今河南省太康县）人，袭封康乐公，又称谢康乐。其祖父谢玄，因在淝水之战中击败秦国主符坚而一举成名,为他的家族赢得无上荣耀和高贵地位。王羲之是谢灵运的曾外祖父。据史书记载,"灵运少好学,博览群书,文章之美,江左莫逮"。而且可能是继承了王家基因,谢灵运擅长书画。成长于权贵豪门的谢灵运,从小热衷于权势,"自谓才能宜参权要"。及至成年,却未能一展才干。东晋时曾为秘书丞。入宋,累官太子左卫率、永嘉太守。当宦途不畅、心情郁结之时,谢灵运只得寄情于山水。未料想由此所作诗篇,被后世冠以山水诗,其本人也荣获中国山水诗鼻祖桂冠。

晋义熙七年(411年),谢灵运第一次登庐山,结识东林寺住持慧远,两人相见恨晚。"山水不足以娱其情,名理不足以解其忧。"大凡与佛门结缘深厚,多是失意之人。二十多年后的刘宋元嘉八年(431年),谢灵运再次游历庐山,泊舟南康军星子县,特地到曾外祖父王羲之当年住所——归宗寺寻访。在归宗寺东面石镜溪,谢灵运仿佛看到曾外祖父王羲之在此养鹅自娱的场景。这一年,谢灵运才四十六岁,不仅经历了东晋朝廷的轻慢,而且在进入刘宋之后,地位更是一降再降,先是降爵为侯,任散骑常侍,刘宋少帝时又被贬为永嘉太守。新的政权似乎有意与前朝豪门望族过意不去,这也使谢灵运心灰意冷。贬为永嘉太守不久,他便辞职不干,移家浙江会稽。也许当政者另有所图,到刘宋文帝时又起用谢灵运,但均为闲职,装饰门面。于是,他又常常将步履投入山水之间,并发明了著名的登山专用鞋——谢公屐。尽管如此,骨子里的桀骜还是让他在某些权势者面前显出本色。闲居会稽时,因与太守孟颛(音"椅")

产生矛盾,太守诬告其有谋反之心。虽然他赶紧进京澄清事实,皇帝没有怪罪,迁任其为临川(今江西抚州)内史,但通过此事,谢灵运已深感忧虑。刘宋元嘉八年(431年)春天,谢灵运一家从南京启程,溯江而上,由湖口转入鄱阳湖南行。"游当罗浮行,息必庐霍期。"(《初发石首城》,庐霍:庐山与霍山的并称)出发之时,谢灵运已做好游览庐山的打算。不知谢灵运站在曾外祖父王羲之当年生活过的地方有何感慨,但有一点可以肯定,此时的他,已经难以把握未来的人生。"黄鹄一远别,千里顾徘徊。"在历史上,有许多名人都会一语成谶。谢灵运此次辞家远行,真的如"黄鹤一去不复返",两年之后,在广州死于非命。留下这一段心路历程的,是他的《入彭蠡湖口》诗作。

不知为何,此诗明明是写过鄱阳湖,诗题却是《入彭蠡湖口》,且诗中有"攀岩照石镜,牵叶入松门"之句。松门山在今永修县吴城,东西40里,两岸长满松树,故称松门,为南北鄱阳湖的分界。既然已入松门,表明船已进入南鄱阳湖,为何要标示文不对题的"入彭蠡湖口"。特别是诗中特意写出曾外祖父王羲之曾经徜徉过的石镜溪。也许,在石镜溪边,谢灵运追思当年住在乌衣巷中的王、谢家族的显赫,反顾自己的坎坷仕途。直到今天,谢安的后裔子孙们,依然以"东山谢氏"标榜,可见当时作为谢氏传人,谢灵运是怎样的于心不甘。《入彭蠡湖口》一诗,成为最早描写鄱阳湖的诗作而被载入后世无数的选本。因为这首诗,庐山南麓的石镜溪便成为一处胜景,引来历代文人墨客寻访吟咏。李白在《过彭蠡湖》一诗中有"谢公入彭蠡,因此游松门。余方窥石镜,兼得穷江源"之句。尤其是因其名作《庐山谣寄卢侍御虚舟》中"闲窥石镜清我心,谢公行处苍苔没"的诗句,使石镜溪天下皆知。

"因知康乐作,不独在章句。"(白居易《读谢灵运诗》)有才华之人往往死于内心的志向。谢灵运的诗作并非完全纯粹描写山水,《入彭蠡湖口》一诗,就包含着太多的人生感慨。

4. 李白的终生遗憾

中国有史以来最著名的浪漫主义诗人李白,不仅在星子县留下妇孺皆知的千古绝唱,同时也留下其人生最大的一次错误选择。正是这次选择,让李白走上一条不归路。

在星子境内,有许多与李白相关的历史遗存,比如五老峰下的青莲谷及谷西南的青莲寺。还有日照庵、黄云观,则是取自李白描写庐山诗作之中的名句"日照香炉生紫烟""黄云万里动风色"之意境。五老峰下曾建有"李太白读书堂",即李白草堂。

李白对庐山可谓是情有独钟。从二十五岁第一次上庐山,到晚年最后隐居庐山东南五老峰下的屏风叠,李白一生仿佛被庐山"附体",与庐山结下了不解之缘。天生浪漫的个性和挥金如土的豪迈,让李白常常囊中羞涩。靠着在九江经商的一位兄长接济,李白几次上庐山隐居,"待价而沽"。

庐山也给了李白丰厚的回馈——

在距星子县城西北6公里的秀峰,李白写下吟咏瀑布的千古绝唱《望庐山瀑布水》;在星子县城8公里外的五老峰,李白题写《登庐山五老峰》;也是在庐山,诞生了李白浪漫主义最高成就的三首代表作品之一的《庐山谣寄卢侍御虚舟》。

靠着惊人的天赋和对日常生活细致地观察,李白在这几首诗中给后人留下可遇而不可求的奇景——

《望庐山瀑布水》一诗中,开篇一句"日照香炉生紫烟",就成了海市蜃楼般的传奇。在《登庐山五老峰》诗前短序中,饱览天下名山大川的诗仙发出如此感慨:"予行天下,所览山水甚富,俊伟诡特,鲜有能过之者,真天下之壮观也!"而诗中一句"青天削出金芙蓉",也同样是难得一见的美景。(有关《庐山谣寄卢侍御虚舟》一诗,见后文《佳作纷呈》)

李白不但深爱庐山南麓星子县的景色,而且也十分敬佩这方天地里诞生成长的伟大诗人——陶渊明。"陶令日日醉,不知五柳春。素琴本无弦,漉酒用葛巾。清风北窗下,自谓羲皇人。何时到栗里,一见平生亲。"(李白《戏赠郑溧阳》)倾慕之情溢于言表。也是在陶渊明的故乡,李白写下自己的满腹惆怅:"可叹东篱菊,茎疏叶且微。虽言异兰蕙,亦自有芳菲。未泛盈樽酒,徒沾清露辉。当荣君不采,飘落欲何依。"(李白《感遇》)

在《登庐山五老峰》一诗中,李白明白地表示:"九江秀色可揽结,吾将此地巢云松。"在充满矛盾的心情下,唐至德元年(756年)秋,五十五岁的李白为避安史之乱,再次上庐山,带着妻子隐居在庐山五老峰下。在此期间,李白给好友王判官寄去一首诗:"……吾非济代人,且隐屏风叠。中夜天中望,忆君思见君。明朝拂衣去,永与海鸥盟。"

倘若李白真如自己诗中所言"永与海鸥盟",从此终老于此,便未有其终身遗憾。仅仅三个月后,李白的命运就发生了彻底的变化,并且从此与庐山作别。

当永王李璘的特使韦子春第三次上屏风叠相请时,李白居然不顾年事已高,离开庐山投身永王李璘的幕府。尽管妻子宗氏苦苦劝阻,但还是阻挡不住李白下山的脚步:"出门妻子强牵衣,问我西行几日归。归时倘佩黄金印,莫学苏秦不下机。"

宗氏没有等到身佩黄金印的丈夫,却等到一个定作死囚的李白。因永王军队被自我做主登上皇位的李亨视作叛军,兴师讨伐。不久,李璘败亡,李白以"附逆"之罪被投入浔阳大狱,定为死罪。此时,他几十年间所交往的朋友,要么沉默不言,要么附和他人——李白罪该万死。可怜宗氏,为救丈夫性命,以一个小女子的娇弱之躯,从庐山五老峰,翻山越岭到浔阳城,复又前往洪都府(今南昌),往返奔波,四处求人。李白尽管天性浪漫,在狱中得知此事,一代诗仙也禁不住五脏俱焚,涕泪纵横了(李白《在浔阳非所寄内》):

闻难知恸哭,行啼入府中。

多君同蔡琰,流泪请曹公。

知登吴章岭,昔与死无分。

崎岖行石道,外折入青云。

相见若悲叹,哀声那可闻。

远在千里之外的好友杜甫也认为李白还是应回到庐山的怀抱:"不见李生久,佯狂真可哀。世人皆欲杀,吾意独怜才。敏捷诗千首,飘零酒一杯。匡山读书处,头白好归来。"(杜甫《不见》)

经郭子仪等人多方营救,李白被免于死罪。在浔阳狱中,李白得知这个消息时,百感交集,悲愤难平。在给朋友的信中,他禁不住提笔写道:"万愤结习,忧从中摧。金瑟玉壶,尽为悉媒。举杯太息,泣血盈杯。"(李白《上崔相百忧章》)

死罪虽免,活罪难恕。李白还是在五十九岁时遭流放,颠沛流离去夜郎。如若不是途中遇赦,恐怕只能客死他乡。

李白终究没有如好友杜甫所祈望的那样回到"匡山读书处"。唐宝应元年(762年),李白告别了他一生纠缠不清的人生舞台,入江捉月,真的成仙了。这一年,他六十一岁。只是,在庐山,李白的草堂遗址,知者了了。

5. 冰清玉刚的刘氏父子

北宋刘凝之的一次选择,不仅为庐山添彩,也从此成为星子县一个经久不衰的文化符号。

刘中允,名涣,字凝之,筠州(今江西省高安市)人。宋天圣八年(1030年)与欧阳修同榜进士,官为颍上(安徽颍上县)令,后以尚书省屯田员外郎名义致仕。他做官二十年,始终安于贫困,勤于职守,清廉端正,性刚直不善逢迎,屡屡得罪上司。史称刘凝之"高节不能容于世,年四十挂冠归庐山"。他常常骑着黄牛往来于庐山、鄱阳湖之间,特别喜欢山南宝峰西涧一带的风景,自号"西涧居士"。山中僧人特地在宝峰西涧盖茅舍,作为他的休息之所。于是,刘凝之日复一日,生活在匡山蠡水之间,寄情山水,固节自守,声名远播,朝野共誉。

宋代画坛泰斗李公麟作《刘凝之骑牛图》,黄庭坚作题画诗:

弃官清颍尾,买田落星湾。

身在菰蒲中,名满天地间。

谁能四十年,保此清静退。

往来涧谷中,神光射牛背。

宋皇祐五年(1053年),欧阳修自京城护送母亲灵柩归葬故里江西永丰。返京途中,他特地在星子停泊,拜访同年老友刘凝之,并作诗《庐山高赠同年刘凝之》(一作《庐山高》)。诗中写道:

庐山高哉,几千仞兮,根盘几百里,峨然屹立乎长江。……羡君买田筑室老其下,插秧盈畴兮,酿酒盈缸。……策名为吏二十载,青衫白首困一邦。……丈夫壮节似君少,嗟我欲说,安得巨笔如长杠。

此诗以巍峨的庐山起兴,借物喻人、绘景抒情、寄兴深远。在写出庐山一山飞峙、高耸千仞、屹立长江之滨、笑对鄱湖波涛的卓然雄姿和万千景象时,更表达了作者对老友襟怀磊砢、不苟宠荣声利、有丈夫壮节的一片敬佩之情,同时也表达自己对隐居山林生活的羡慕。这首力作传到京都,引起极大轰动。当时著名诗人梅尧臣读后钦佩不已。江西诗派领袖黄庭坚也情不自禁感叹:"庐山之美,既备于欧阳文忠之诗中,朝士大夫读之慨然。"

欧阳修在星子为刘凝之写下这首《庐山高赠同年刘凝之》诗作,不仅让刘凝之再次为世人瞩目,同时也让星子落星湾的美丽风景为朝野共赏。无论刘凝之生前身后,来此拜谒之人络绎不绝。明正德十五年(1520年),王守仁(阳明)到星子,在秀峰李璟读书台下石壁上写下纪功碑后,又在庐山天池寺手书

《庐山高赠同年刘凝之》一诗。七年后,即明嘉靖六年(1527年),户部主事寇天舆和九江兵备副使何棐在赛阳到庐山的九十九盘古道上,将王守仁手书《庐山高赠同年刘凝之》一诗镌刻在路侧石壁上,且建起一座名为"庐山高"的石坊。石坊历经四百余年,直到1938年抗日战争期间被毁,现存石坊为1987年重修。欧阳修的诗和王阳明的书法,堪称珠联璧合,作为庐山石刻精品,不仅收入《中国旅游文化大辞典》,也与九十九盘古道上众多石刻一起列入省级文物保护名录。

欧阳修之后,同为"唐宋八大家"的苏辙,对刘凝之父子的赞美比欧阳修有过之而无不及。

苏辙路过星子,留下诸多诗作,其中以《归宗寺》《栖贤桥》《万杉寺》等几首比较有名。苏辙在宋元丰二年(1079年)因为兄长苏轼"乌台诗案"上书请求自去官职为兄赎罪,不准,牵连被贬,到筠州(今江西省高安市)监盐酒税,赴任途中路过星子。其时,刘凝之夫妇及其子刘恕均已去世。刘恕辞世时只有四十六岁,但却留下两部著述——《十国纪》《通鉴外纪》。刘恕十八岁进京参加朝廷选拔人才的策试,试题涉及古代很多文化典籍,唯一对任何问题都能对答如流的只有刘恕,一时引起轰动,不但受到当朝宰相王安石的赏识,也为王安石的反对者司马光所注目。王安石想把他网罗到当时变法的中心机构——三司条例工作,刘恕居然辞职不就。司马光因为与王安石的变法政见不合,辞职专心编写《资治通鉴》,便将刘恕纳入他的写作团队。很巧的是,当年王安石变法,也曾安排苏辙进三司条例工作,后来苏辙也辞职。更巧的是此次苏辙的目的地筠州就是刘恕的故乡。星子城内刘宅尚在,而故友已去,苏辙感慨万端,挥笔写下《刘凝之屯田哀辞并序》。

刘恕长于史学,因为性格刚直,在京城屡受排挤,于是辞职回到星子赡养父母,仅过三年即病逝。苏辙在文中对刘凝之父子给予高度评价——"洁廉不挠""冰清而玉刚"。不愧为大家手笔,高度凝练,而其意深焉。星子县冰玉涧由此得名,至今县城还有冰玉涧路。

刘凝之住所读书处,因苏辙所言"冰清玉刚",遂被称作"冰玉堂"。"苏门四学士"之一张耒,曾作《冰玉堂记》。

刘凝之定居南康军(今江西省星子县),在军治东侧的涧水旁筑庐、读书,并在城外落星湾畔耕作,著有《庐山记》等文二十卷。刘凝之四十致仕,八十而卒,葬于落星湾畔少府岭。1980年秋,其夫妇墓志石出土。刘凝之墓志铭是当时吏部尚书李常所撰,其夫人钱氏墓志为唐宋八大家之一的曾巩撰写(墓碑存县文物所)。钱氏墓志云:

刘凝之仕既不合,退处庐山之阳。初无一亩之宅,一厘之田,而凝之嚣嚣然乐若有余者。

不愧是文章大家,寥寥数语,即将刘凝之多年为官依然家贫如洗,辞官归隐仍然安贫乐道的人格操守和精神风貌呈现在读者面前。

李常(字公择)是南康军建昌(今江西省永修县)人,少时曾在星子五乳峰下白石庵苦读,藏书近万卷。考中进士后,将所藏图书全部留在星子,舍名"李氏山房",供好学之士阅读。李常是黄庭坚舅舅,曾任吏部、户部尚书,加龙图阁直学士,兼为哲宗皇帝侍读。李常在刘凝之墓志中写道,当刘致仕而归,"学士大夫争为咏叹以饯之,非所以宠其行,以预送凝之为荣耳",可见刘凝之当时声名。

朱熹知南康军时,重修冰玉堂,也作《冰玉堂记》。朱熹还在庐山宝峰西涧建清静退庵和静隐亭。"清静退庵"取黄庭坚诗句"谁能四十年,保此清静退?"之意。又修葺少府岭刘凝之墓,取欧阳修诗句"丈夫壮节似君少"之意在墓侧建"壮节亭"并作记。南宋著名诗人杨万里来星子,写下《寄题刘凝之壮节亭》诗:

> 见了庐山想此贤,此贤见了失庐山。
> 胸中书卷凌云乱,身外功名梦等闲。

刘凝之共有四子,目前在星子定居的后裔计6000余人。其他后裔在江西省丰城、高安、兴国以及广东、台湾等地均有分布。

6. 苏轼的山南之旅

从第一次踏上星子的土地,苏轼与星子的缘分一直延续至其生命的最后时期。

苏轼(1037—1101年),字子瞻,自号东坡居士。有人说,只要是苏东坡到过的地方,就是风景名胜。在星子,却是因为当地的风景名胜,苏东坡才数次登临。

苏轼数次游庐山,都与星子有关。第一次在宋神宗元丰七年(1084年),苏轼因神宗手诏"人才难得,弗忍终弃"而移汝州团练副使。正月二十五日,苏轼离开黄州,乘船顺江而下,至四月二十四日,在好友刘恪和参寥和尚(一说还有道士乔仝)陪同下,自九江登岸往游庐山。儒、僧、道结伴同游,值得玩味。一行人游览圆通寺后,自含鄱口顺山路而下,在白鹤观小住。

白鹤涧在星子县西北15里五老峰下栖贤谷中,现在还有白鹤涧村。古时此地建有白鹤观,又名承天白鹤观,唐弘道元年(683年)敕建,宋祥符间赐名,为唐开元间道士刘混成故居。刘混成,字元和,彭城(今江苏省铜山县)人,在白鹤观久住,后迁居五老峰下石洞中,以种木瓜为食,据说八十六岁时炼丹成功,坐船升仙而去,此地尚有"木瓜洞"遗址。陈舜俞在《庐山记》中盛赞白鹤观:"庐山峰峦之奇秀,岩壑之深邃,林泉之茂美,为江南第一,此观复为庐山第一。"

陈令举,名舜俞,浙江吴兴人,曾任山阴知县,因反对王安石变法被贬南康军任税官。其在南康军时,与刘涣相交,曾一同用六十天时间游遍庐山。所撰《庐山记》,是目前所知最早一部庐山志书。按苏轼的遭遇,其与陈令举应属"难友",自然平添几分亲切。苏轼带着儿子苏过在白鹤观中小住,与观中道人相谈甚洽,并写下《观棋》一诗并序。

在白鹤涧东北不远处,有著名的李氏山房。李常是苏轼好友,因藏书一事曾请他作《李氏山房藏书记》。这次得游实地,苏轼不胜欣喜。

在山南五大丛林之一——栖贤寺,苏轼应寺僧之请留下墨宝。苏辙在赴任筠州途中过星子,曾应栖贤寺长老智迁之约,写下《栖贤寺新修僧堂记》。时隔四年,苏轼又来此,长老于是请他书写弟弟苏辙所作记文。寺僧将唐宋八大家中唯一的兄弟二人合作的这篇记文,刻石立碑,成为栖贤寺独特一景。

出栖贤寺,观玉渊潭,缘涧而下,便至观音桥(三峡桥),留下《庐山二胜·栖贤三峡桥》诗。

苏轼一直以陶渊明学生自称,在星子自己终身崇拜的先师祠堂前,他禁不住留下诗作(一说此诗为王十朋作):

渊明耻折腰,慨然咏式微。

闲居爱重九,采菊来白衣。

南山忽在眼,倦鸟亦知归。

至今东篱花,青如首阳薇。

在开先寺(今庐山秀峰)龙潭边,面对李白所咏黄岩瀑布及东侧马尾水瀑布,苏轼欣然赋诗:"高岩下赤日,深谷来悲风。擘开青玉峡,飞出两白龙。……手持白芙蕖,跳下清冷中。"此诗刻至今悬于龙潭边漱玉亭内。

苏轼这次上山,前后历时十余天,从山南到山北,从山上到山下,在山南星子境内逗留最久。游罢山南,苏轼一行又转到山北,在东林寺长老常总和尚陪同下游览西林寺。临别之际,苏轼在西林寺壁上题诗一首:

横看成岭侧成峰,远近高低各不同。

不识庐山真面目,只缘身在此山中。

结束第一次庐山之旅时,苏轼在其《记游庐山》中写道:"庐山奇胜处不可胜纪,独开先漱玉亭、栖贤三峡桥为二绝",免费为星子做了一次名人广告。

前文说过,只要是苏东坡到过的地方,就是风景名胜。然而,庐山的风景名胜,却让苏东坡这样的大文豪不敢动笔。他在游记中记载:"仆初入庐山,山谷奇秀,平生所未见,殆应接不暇,遂发意不欲作诗。""未料山中僧俗见苏轼到来,纷纷唤道:'苏子瞻来矣!'"感动之余,苏轼作《初到庐山》三首,遂搁笔。谁料一路走来,尤其是到了山南星子境内,"发意不欲作诗"的意志彻底崩溃,先后为星子写下《庐山温泉》《五老峰》《南康望湖亭》《开先漱玉亭》《栖贤三峡桥》《李氏山房》《观棋》等诗篇。苏轼第一次游览庐山的行程中,大部分时间在星子,大部分都是写星子,从开始时"不欲作诗",到几乎为他所到过的每一个星子景点作诗,剧情大反转,令人惊叹。

五月初,苏轼去高安看望弟弟苏辙返回九江时,忍不住再一次入庐山游览。这次他游了山北的太平宫、紫极宫、圆通寺和慧日院。

苏轼前后相距十年四过庐山、南康军(今江西省星子县)。绍圣元年(1094年),苏轼一路遭贬,先是由正二品降为六品,由谪知英州(今广东省英德市)等,最后到惠州(今广东省惠阳市)安置。先是将家小送去江苏宜兴安置,后又带着小儿苏过、侍女朝云一同远赴惠州。这年的四月和七月,两次路过江州,两次均游览庐山。七月时游完庐山,沿着山外官道回到南康军,预备翌日登舟南行。下午无事,苏轼登星子城南望湖亭,留诗一首《南康望湖亭》,末尾两句"岷峨家万里,投老得归无"无限苍凉。

辛巳年(1101年),苏轼由海南儋州过岭南北归,四月过星子时已抱病在身,便令子苏过代其至开先寺。苏过向长老转告父亲问候,题词为记:"苏过亦来"。此石刻如今仍在秀峰景区草丛中,柱础上有"苏过亦来"四大字及题款小字"辛巳四月十一日"。五月,苏轼至真州(今江苏省仪征市),暴病,于七月二十八日卒于常州。最后一次过星子时留下苏轼的终生遗憾。

7. 孔子后裔的庐山情缘

因为周敦颐,孔子后裔与庐山和星子结下不解之缘。

中国社科院研究员李存山于2016年6月25日在"中华诗礼家风学术研讨会暨中华孔子学会孔子后裔儒学促进会成立大会"演讲时说:"孔氏宗亲作为中华第一姓氏而谱牒延续、传衍至今。这是中华文化所独有的一种现象,它实际上成为中国文化的一个象征,华夏儿女民族认同的一个标志。"

自汉朝始,随着孔子后裔陆续迁居全国各地,至唐末形成了十三个主要派系。庐山孔子后裔为江西临江派分支,庐山是江西省孔子后裔较为集中的生活地。他们的先祖因追慕周敦颐而迁居庐山,子孙们因尊祖重孝而定居庐山。若追根溯源,江西孔子后裔迁居庐山,与南康军息息相关。最早迁居南康军的孔子后裔,是北宋时期大名鼎鼎的"临江三孔"(孔文仲、孔武仲、孔平仲)的父亲孔延之。

今天的人们很难将临江三孔与苏轼兄弟相提并论。然而,在北宋那样一个文化气象云蒸霞蔚的背景下,临江三孔却是与苏轼兄弟一道在文坛上昂首阔步,名扬天下。身为"苏门四学士"的黄庭坚曾作《和答子瞻和子由常父忆馆中故事》诗:"二苏上连璧,三孔立分鼎。……天不椓斯文,俱来集台省。"

"二苏"即苏轼、苏辙兄弟,黄庭坚将二苏、三孔相提并论,把苏氏兄弟比作两块玉璧,而孔氏三兄弟则如三足宝鼎。黄庭坚本人与三孔亦是好友,相互之间多有诗作往来。在《答和孔常父见寄》一诗中,黄庭坚对三孔的推崇更是无以复加:"孔氏文章冠今古,君家兄弟况南金。"《宋诗钞·平仲清江集钞》有《清江三孔集》四十卷,其中文仲两卷、武仲十七卷、平仲二十一卷。

　　临江三孔实有兄弟七人,以三孔名声为大,世称临江三孔,也称清江三孔。临江三孔之父孔延之,为江西孔子后裔始迁祖孔绩第六代孙。孔子第四十代传人孔绩,于唐僖宗文德元年(888年)授江西吉州(今江西省吉安市)军事推官。任期满,适逢黄巢起义,都城长安沦陷,孔绩无法回朝复命。黄巢农民起义转战十余年,孔绩遂定居江西新淦(今江西省峡江县)。孔绩由此成为曲阜孔子后裔迁居江西的第一代,被尊为江西临江派先祖[宋淳化三年(992年)割清江、新淦、新喻三县置临江军]。自此,孔子后裔开始在江西繁衍。

　　出于对贤德大儒的追慕,江西临江派孔子后裔与庐山结缘。

　　孔延之(1013—1074年),为宋仁宗庆历三年(1043年)进士,历任多地知县(州),官至尚书司封郎中,赐绯鱼服。为人居官,持以忠厚,世称"笃行君子"。卒后追赠金紫光禄大夫。

　　孔延之任新建知县时,周敦颐任南昌知县,两人结为挚友。周敦颐晚年,请调南康知军(军治星子),并在庐山栗树岭买地建宅,以作终老(事见前文)。孔延之闻知周敦颐在庐山定居,便追寻而来,就近买宅,临而居之。并将老母接来,母卒亦葬于庐山。

　　周敦颐病逝后葬在濂溪书院北五里栗树岭下。孔延之既尊崇周敦颐,又钟爱庐山,加之母亲先葬于此,遂让子孙在其身后卜葬"庐山西麓黄龙山"(同治《星子县志》)。又据同治《德化县志》载:"孔延之墓,在仁贵乡龙泉源,原夫人杨氏附,曾巩为之铭。"墓志为曾巩亲撰。由此,拉开孔子后裔迁居庐山的序幕,孔延之也被尊为庐山(九江)孔子后裔始迁祖。庐山西麓黄龙山现在属星子县温泉、华林地界。据同治《星子县志》载,孔延之葬在星子。若据同治《德化县志》载,孔延之葬在德化县,说法不一。因至今未能找到其墓葬,尚无定论。

孔延之因追慕周敦颐,千里迢迢背井离乡定居南康军并长眠于此。其子文仲、武仲、平仲,也就是史称的"临江三孔"也就自然地与星子结下不解之缘。

孔延之长子孔文仲(1038—1088年),字经父。据同治《星子县志》载:"孔文仲,临江人,仕为中书舍人,卒葬南康。"从国都开封出殡之时,"苏轼拊其柩曰:'世方嘉软熟而恶峥嵘,求劲直如吾经父者,今无有矣!'"评价之高,言辞之切,痛惜之情,无以复加。可见"二苏连璧,三孔分鼎"并非文人诳语,临江三孔其时亦并非浪得虚名。史书上还说其"因劳卒,士大夫哭之皆失声"。亦可见当时他的名声和人品。孔文仲为宋嘉祐六年(1061年)进士,出任余杭尉。宋治平元年(1064年)改任南康军司理参军,到星子任职。宋熙宁二年(1069年)后历任台州军事推官、秘书省校书郎、中书舍人等职。庐山温泉渊明醉石上有其题刻,书法拓片收入《庐山历代石刻》(江西美术出版社2010年版)。文仲殁时年仅五十岁,皇上诏令厚恤其家,并任命其弟孔平仲为江东转运判官,负责料理丧事。既然祖母、先父均葬庐山，孔平仲也将长兄灵柩从京城汴京（今开封）运至南康军安葬。

孔延之次子孔武仲（1042—1097年）亦是进士出身，做过知州一级的官吏，最后任国子司业、礼部侍郎。其主要成就是著书立说，有《诗说》《书说》《论语说》《金华讲义》《孔氏杂说》等专辑共百余卷。三孔之中，其在星子题诗最多，其中《卧龙潭》《晚坐三峡桥》等，选入《庐山历代诗选》（江西人民出版社1980年版）。在《阁下观竹笋图》一诗开篇两句就是"我家庐山下，绿竹常阴阴"，表达了对于新居庐山的热爱之情。孔武仲卒于安徽池州任上，后迁葬庐山。另据《孔子世家谱》（文化艺术出版社2009年版）记载，孔武仲玄孙孔宗元"迁居南康星子县"。惜后载不详，暂无可考。

孔延之第三子孔平仲（笔者先祖），字毅甫（或作义父、毅父），宋治平二年（1065年）进士，又应制科荐秘书丞集贤校理。不久任江东转运判官、江浙铸钱、京西刑狱，后任朝散大夫，召为户部金部郎中，出提举永兴路刑狱。长史学、工文辞，著《珩璜新论》《续世说》《孔氏谈苑》《朝散集》等。诗风近于苏辙，尤以流丽清整、通畅明快见长。与兄文仲、武仲"皆文章之雄"。

因祖母、父亲和兄长均葬于庐山，孔平仲为方便祭扫，就将家迁居于此，并奏请宋英宗恩准在庐山建一座祭祀远祖孔子和本家列祖列宗的祠堂——孔圣祠。目前有据可考的孔圣祠在庐山西麓赛阳镇金桥村孔家山，祠堂为后人重修。2015年12月20日，笔者陪同北京交通大学人文学院教授、世界孔子后裔联谊会副秘书长、中华孔子学会孔子后裔儒学促进会(筹)秘书长孔德立先生专程冒雨驱车前往瞻仰,同行的星子县文物所所长查小荣先生认为其地基方砖为明代烧制,从而可以确定此处孔圣祠原为古人所建。次年,笔者再次求索志书,得如下文字,可以相互印证——"孔氏家庙,在庐山西麓,宋治平时敕建。先是唐末文德元年,圣裔四十代孙孔绩登进士,任吉州推官。五代乱,遂家吉州之新淦。……平仲官至尚书,适归吉州,道经庐阜,遂卜居黄龙山麓。请旨建祠于龙溪庙之南。明初,孔承节重修祠宇,置祭田百余亩。神宗时,族孔贞赞、贞让、尚哲北谒林庙,重修圣殿,庐山之有孔圣祠所由来也。""孔家山:有二,一在庐山定心庵之下,似虎形;一在龙溪庙之南,有孔圣家庙,赵宋时建。"(以上据清同治《德化县志》)

孔平仲因任江浙铸钱(铸造地江州),遂定居江州(今江西省九江市),其后世子孙与周敦颐后裔相扶相持,或有联姻,成为世交。孔平仲身后,亦追随父兄葬于庐山西麓。据同治《德化县志》载:"孔平仲墓,在甘泉乡孟家山。"

孔平仲次孙孔彦况(四十九代圣裔,庐山孔子后裔先祖),从政郎。"或作贶,调南康税院,遂家星子云。"(清同治《星子县志》)

现在庐山(九江)孔子后裔均为平仲公后代,实为孔平仲次孙孔彦况一脉。孔彦况次子次沂一支共八代,在南康军星子县生活近三百年,后迁居庐山西麓赛阳镇。现九江市浔阳区、濂溪区、九江县、德安县和湖北武穴等地的孔姓后裔均为孔平仲之孙孔彦况后裔。目前生活在星子的孔平仲后裔只有笔者一家。

清同治《德化县志》载："按阙里志载：……今化邑（德化县，今江西省九江县）之孔姓始自平仲公迁居……今在江南，新淦、浔阳为右云。"按孔子故里——阙里志记载，从唐末孔绩定居江西以来至清朝同治年间，江西省境内临江派孔子后裔较为集中居住地为新淦（今江西省新干县）和九江两地。

因先祖北迁赣北自庐山始，故现在居住在九江庐山一带的孔子后裔自称为"匡庐圣裔"，以志不忘先祖。他们一直保持与曲阜故里的联系，尤其是逢曲阜六十年一轮大修家谱之时，必赍六十年前曲阜所颁旧谱并奉上新修家谱所需资料，千里迢迢奔赴阙里，经孔府谱局考证无误，编入新修孔子世家大同谱。至今，"匡庐圣裔"中的优秀分子仍作为江西省孔子后裔代表参加中华孔子学会孔子后裔儒学促进会。

8. 状元张孝祥万杉寺绝笔诗

张孝祥（1132—1170年），别号于湖，历阳乌江（今安徽省和县乌江镇）人，系唐朝著名诗人张籍之后。宋绍兴二十四年（1154年），年仅二十二岁的张孝祥高中状元。因与当朝宰相大奸臣秦桧之孙秦埙同场，主考官为秦桧一党，有意操纵，放榜前前三甲拟定秦埙第一，张孝祥第二，曹冠第三，即所谓状元、榜眼、探花。按古代科举惯例，试卷最后要由皇帝过目然后定夺。高宗皇帝御览之后，觉得秦埙文章基本上是秦桧口气，了无新意，而张孝祥所作不媚时俗，极具个性，遂亲点张孝祥为第一，而秦埙列第三。加上张孝祥擅书法，皇帝十分欣赏，情不自禁地对宰相说："张孝祥词翰俱美。"著名爱国诗人陆游当年也参加了这次考试,就因为纵论收复北方而被秦桧一伙黜落。张孝祥虽然幸蒙皇帝垂青而高中头名,但由此得罪秦桧一党。张孝祥十一岁时因金兵进犯和州,随父亲张祁渡江避难,居芜湖。他幼怀报国之志,中状元后,尚在候官期间,就全然不顾秦桧势力,随即上书为岳飞鸣冤叫屈,要求朝廷为岳飞平反。秦桧指使其党羽造谣诬陷张祁一干人等有谋反之心,将张孝祥和其父亲一同下狱。好在此案形成后秦桧已病重,很快一命呜呼。冤案得以重查,很快澄清,张孝祥才获释出狱。皇帝召见,对以治国之策,深以为许。在任建康(今江苏省南京市)留守时,因极力赞助主战派大将张浚北伐,又遭免职。

笔者年少时读宋词,就喜欢《六州歌头·长淮望断》和《念奴娇·过洞庭》两首。《六州歌头·长淮望断》写于1163年。当时南宋北伐兵败,朝廷里投降派得势,急忙遣使臣向金求和。张孝祥时任建康留守,与张浚同宴,即席写下这首以"忠愤"著名的词。词的上半阕着重描写中原地区的凄凉景象和女真族侵略者的猖狂无忌。下半阕一开篇即写道:"念腰间箭,匣中剑,空埃蠹,竟何成!"深深感叹自己报国无门,从而强烈谴责当权者屈辱求和的政策违背人心民意。词的结尾写道:"闻中原遗老,常南望、翠葆霓旌;使行人到此,忠愤气填膺,有泪如倾。"张浚读了此词,深有同感,忧愤难当,竟罢席不饮。而写于1166年的《念奴娇·过洞庭》,则是张孝祥在广西桂林做官受到谗毁罢职后北归、路过洞庭湖时所作。这首词境界开阔,品格高雅,状物言情浑然一体,读之如身临其境,细细品味有超凡脱俗、天人合一之感。

据岳飞之孙岳珂所撰《桯史》记载，德安（星子邻县）知县王阮曾向张孝祥学诗。1169年张孝祥从荆州（今湖北省江陵县）罢官回乡，与王阮同游庐山，在栖贤寺前玉渊潭边岩石上书"玉渊"二大字并题诗：

　　灵源直上与天通，借路来从五老峰。
　　试向栏杆敲柱杖，为君唤起玉渊龙。

随即游万杉寺。张在万杉寺作诗二首：

　　其一
　　老干参天一万株，庐山佳处着浮图。
　　只因买断山中景，破费神龙百斛珠。

　　其二
　　庄田本是昭陵赐，更着官船载御书。
　　今日山僧无饭吃，却催官欠意何如？

王阮虽对张执弟子礼，但直言不讳："先生诗词一向气吞虹霓，今日为何稍卑如此？"

张闻言后，默默不语。王阮遂作诗一首：

　　昭陵龙去奎文在，万寿灵杉守百神。
　　四十二年真雨露，山川草木至今新。

张孝祥赞赏有加，认为王阮之诗胜于自己所作。

王阮不仅全程陪张孝祥游庐山，还一直送张孝祥至江州，依依话别，目送张孝祥登舟顺流而下。谁知分别不过两旬（也有说两个月），就传来张孝祥病逝的噩耗。王阮自是万分悲痛，更让他始料不及的是，当时自己在万杉寺直言不讳批评的两首诗，竟是老师的绝笔。

后王阮再至万杉寺,目睹张孝祥题诗,不禁悲从中来,遂在诗碑背面写道:

> 碧纱笼底墨才干,白玉楼中骨已寒。
> 泪尽当时联骑客,黄花时节独来看。

人生无常,徒生感叹。

9. 李时珍考察庐山

在李时珍历时二十七度寒暑编纂的中国医药巨著《本草纲目》中,记载了有关星子当地所产珍稀物种。也许是出于对创造了"杏林春暖"这一医德旗帜的董奉的景仰,或许是对庐山丰富物产的探询,李时珍带着学生庞宪、儿子建元,从家乡蕲州(今湖北省蕲春县蕲州镇)出发,顺江而下至九江,登上庐山。他们一行从山北到山南,经过详细考察,将十几种与庐山有关的药物载入《本草纲目》,如瑞香、云母、石耳、温汤(温泉)等。

瑞香,原名睡香,最早见于庐山五老峰。为一种常绿小灌木,高三四尺,早春开花,呈淡紫、白、黄三种,聚结成球,形似丁香,香气浓烈,又名"夺香花",以其能夺周围其他花香之谓。相传古时五老峰下一寺院中,僧人常在睡梦中感觉异香扑鼻。一日,僧人睡醒,循香得之,不知其名,呼作"睡香"。此花后经人培育,广受欢迎,取祥瑞之意,称作"瑞香"。

《本草纲目》前,古籍中已有瑞香花之零星记载。如《格古论》:"瑞香高者三四尺,有数种,有枇杷叶者,杨梅叶者,柯叶者,球子者,李枝者,惟李枝者花紫香烈,枇杷者结子,其始出于庐山。"通过实地考察和药用研究,李时珍在《本草纲目》中对瑞香的形状、特点及栽培历史做了更准确的表述,指出瑞香"始出于庐山",然"南土处处有之",自宋以后即有人工栽培,并非限于庐山一地。鉴于以往书籍中对于瑞香花、叶、枝、杆均有记述,而对根茎未作表述,李时珍加以补充"其根绵软而香""甘咸无毒"。在肯定前人所述瑞香可治牙痛的经验时,并认为瑞香主治"急喉风,用白花者研水灌之"。

20世纪80年代,瑞香深受南昌市民众喜爱,被评为市花。

李时珍对庐山石耳做了如此记述:"庐山亦多,状如地耳,山僧采曝馈远,洗去沙土,作茹胜于木耳,佳品也。""久食益色,至老不衰,令人不饥,大小便少……明目益精。"并指出石耳具有"甘、平、无毒"的性味特征。

对于星子温泉,李时珍不满足于沐浴,而是从医用角度进行考证,指出:"温泉有四孔,可以熟鸡蛋……患有疥癣、风癫、杨梅疮者,饱食入池,及浴出汗,旬日自愈。"几十年前,江西省总工会在此兴建庐山工人疗养院,通过大量实践,证明温泉水对于某些疾病确实具有独特疗效,也证明了李时珍的观点。

10. 康有为情系庐山寺庙

中国近代史上著名改革运动"戊戌维新"领袖康有为,其一生思想认识前后矛盾,因此颇有争议。康有为曾三上庐山,所作诗词正反映他几十年人生的心路历程。

> 开士诛茅五老峰,手植匡山百万松。
> 荡云尽吸明湖水,招月来听海会钟。
> 初地雨花驯白狖,阴岩石气郁苍龙。
> 读书无处归来晚,桂树幽幽烟雾重。

这首《夜宿海会寺赠至善上人》的诗作,是康有为第一次游庐山时所题。

康有为(1858—1927年)，广东南海县人，是近代中国资产阶级改良主义戊戌维新运动领袖人物。从三十岁始，数次游庐山，其行动轨迹主要与庐山寺院接触颇多。

1889年10月，康有为自京城返回广东，途经南康府星子县时，暂作停留，由此第一次到庐山。与其他文人墨客略有不同，康有为此次上庐山，几乎游遍了山上的寺庙。一年前，他从家乡广东千里迢迢第二次赴京应试，本已考中举人，却因此前向清廷递交《上清帝第一书》，主张"变成法""通下情""慎左右"等改良策略，被主考官抽掉试卷，不予录取。此前他所呈递的《上清帝第一书》，被手握实权的朝中大臣暗中截留，光绪皇帝全然不知。权贵们以"如此狂生，不可中"为由，将他打入另册。康有为落得如此下场，心中自是郁闷。在庐山诸多寺庙中，在晨钟暮鼓的氛围里，这位对国家民族前途命运深感忧虑的有志之士，精神上仿佛获得了一种暂时的解脱。特别是五老峰下海会寺住持至善和尚，对这位敢于冒杀头之罪而向皇帝直陈国是的年轻学子非常恭敬，盛情留宿，相谈甚洽。

海会寺是庐山五大丛林之一，距星子县城25里。寺院背倚五老峰，面对鄱阳湖，为明代西来僧人在万历四十六年(1618年)所建。寺内藏元代著名书画家赵孟頫书绘妙法莲华经、心月和尚手刻五百罗汉图拓本，为庐山名刹。康有为来时，至善和尚已在此修行四十年。是夜，至善和尚请康有为观赏赵孟頫书绘妙法莲华经、心月和尚手刻五百罗汉图拓本等书画精品。康有为有感于至善和尚的一片热诚，赋诗以谢。这首《夜宿海会寺赠至善上人》诗作,被至善和尚视作珍宝,一直悬挂于禅房,临终时还特地叮嘱僧徒妥善保存。

康有为不仅是书法家,还是书法理论家,著有书法理论专著《广艺舟双辑》,其眼光自然异于常人。在东林寺,他从厨房一块覆地石块上发现端倪,将石块翻转,得到失传多年的柳公权所书《复东林寺碑》残碑。

二十九年后的1918年,康有为第二次来到星子,再上庐山。近三十年里,康有为的人生轨迹充满艰难曲折,其人生观念也发生了令人费解的变化。当初一个矢志变革政体以图振兴的有志青年,竟然变成一个极力阻碍资产阶级民主革命的封建卫道士。与前次一样,康有为还是喜欢游览寺院。在星子归宗寺,他再次远眺金轮峰上的舍利铁塔,不胜感慨,挥笔写下《金轮铁塔》一诗:

千年铁塔抗金轮,云气光明护此城。
风雷万劫不动转,烟霄百丈矗飞惊。
墨池犹在风流远,栗里为邻基址平。
只有鸾溪清净水,卅年又复听泉声。

让他不曾料想的是,被他誉作"风雷万劫不动转"的千年金轮铁塔,二十年后,毁于日寇炮火。

在海会寺,尽管当年热忱的至善和尚早已坐化,但康有为题赠的那幅诗作仍然悬于壁间。如今的住持慕西和尚告诉他,上次来时所见的普超和尚,用十五年时间,以自己手指之血,书写《华严经》八十一卷,终因耗费体力,死时年仅四十五岁。目睹了这部血抄经书,康有为大为震撼,当即提笔在原先赠至善和尚的诗作旁题跋,提醒后人要对这部血经"尊之、敬之、护之、保之"。站在寺院门前,抬头又见五老峰,于是,康有为又题诗一首:

> 五老排云待我回,似曾相识客重来。
> 莲社远公圆塔出,只园须达化城开。
> 山色湖光尚清净,竹林松径再徘徊。
> 追思三十年前事,旧黑笼纱只自哀。

1926年,康有为第三次到庐山。在东林寺殿廊里,当他看见那块柳公权的残碑依然还在时,抚今追昔,题写一首《东林寺柳碑记》:

> 虎溪久塞已无桥,坏殿颓垣太寂寥。
> 无复白莲思旧社,尚存铜塔倚高标。
> 华严初译见楼阁,陶谢同游想汉霄。
> 三十八年重到此,重摩柳碑认前朝。

最让康有为念念不忘的还是海会寺。他在星子温泉附近购置十亩田地,交海会寺代管,以其租谷作香火之资。后来胡适先生到温泉,还看见星子县政府所立康先生购田告示。

11. 蒋介石星子三处行馆

20世纪90年代,庐山管理局炒作一次别墅大拍卖,其广告语大胆而别致——蒋介石失去的,毛泽东得到的,一齐送给你!这是专指山上的美庐别墅。严格来讲,美庐别墅是一位外国女士赠送给宋美龄的,不属于蒋介石。庐山境内真正由蒋介石兴建的三处别墅全部在山南星子县。有人戏称,蒋介石夫妇也可算是星子县的"居民"。

蒋介石夫妇对庐山情有独钟,在庐山东南星子境内有其诸多遗迹。在五老峰下的海会镇,有国民党军官训练团。海会镇东边鄱阳湖畔,相距不远有两处码头——姑塘、崔家湾,称作"庐山双港"。姑塘曾是鄱阳湖水运航线上的咽喉要道,清朝时朝廷曾在此设海关。崔家湾即是蒋介石弃舟登岸之处,当地为此专门修建了一条通往军官训练团的专用公路。几十年前,九江市曾利用军官训练团屋舍设立海会师范学校,现已停办。

　　蒋氏夫妇在庐山南麓的三处住处中,含鄱岭下太乙村的"桂庄"最小。这栋小屋难称别墅,在十八将军村中规模也是末等,但位置最高。小小"桂庄",藏在茂林翠竹间,极其平凡。近期有好事者撰文,以"桂庄"在太乙村的规模,质疑蒋不是该屋主人,甚至怀疑蒋是否真的到过此地。笔者以为,该文作者实是以樵夫之心度皇帝之腹。殊不知,为安全计,蒋之栖身之所未必不是尽量避人耳目。况且,蒋氏夫妇夜宿何处当是最高机密,其别墅实为掩人耳目亦未可知。另据三十余年前修复太乙村别墅时对山下玉京村年长村民采访的资料了解,其中有几位当年曾在含鄱口古道上遇见过老蒋,有人还曾为蒋抬过轿子。

　　"桂庄"门前有桂树二株,左右分立,传是委员长夫妇所植。二十年前,笔者多次陪客参观。当时即见有一棵桂树枯死。按男左女右讲究,枯树正是左边一棵。前几年听闻右边一棵也已枯死,因为美龄女士尽管年逾百岁,终究不是神仙。前年上太乙村,特地攀到"桂庄",见果然如此。

　　山南秀峰寺内的行馆遭日军战火毁坏,只剩围墙大致尚存。行馆所在地早已是景区中心地带，人去屋亡，难觅昔日威严。如不相告，外人是无论如何也不知此地昔日之尊贵了。

太乙村下的观音桥畔，有蒋的行馆——柳杉辕。主屋已修葺，警卫、工作人员房屋依然完好。从部分围墙和残垣中，可辨出当年大致模样。地上有铁环，据称是当年警卫系狗所用。只有两棵柳杉，高大挺拔，有合抱粗，据说也是蒋氏夫妇亲手所栽。二十年前所见，一棵枝叶葱翠，一棵开始枯黄。

1937年12月8日早晨，在寒风中醒来的星子县城上空响起一阵飞机轰鸣声。未过多时，人们纷纷涌向县城南面紫阳堤码头。荷枪实弹的国民党士兵阻住了看热闹的民众，人们只好爬上紫阳门到南门的城墙，眺望湖面。一架小型水上飞机降落在落星湾湖面上，一男一女在几位军官的搀扶下，小心翼翼地从飞机上下到小渔船上。九辆黑色小轿车鱼贯排列在码头上。船到岸边，这对男女钻进了中间的一辆。随即，车队向着距县城十余里的观音桥疾驰而去。

星子县城的人们不知道，从他们眼皮底下过去的那对男女，就是掌握中国前途和命运的蒋介石宋美龄夫妇。

几个月前，蒋介石在庐山发表了著名的《抗日宣言》，号召全国民众，地不分南北，人不分老幼，一齐抵抗日寇的侵略。然而，形势逼人。1937年12月8日早晨，他们乘水上飞机从被日军围困的南京起飞，躲进观音桥畔的行辕。国难当头，他们无心欣赏风景，蒋介石的全部精力，都放在指挥守卫南京的中央军突围。两天后，夫妇俩在行辕门前种下两棵柳杉以作纪念，随后乘轿取道含鄱口上庐山。12日晚，南京雨花台失守。13

日,蒋氏夫妇匆匆下山,从九江码头登船,西行汉口。当日,南京城破。

民间传1931年初夏蒋介石曾在太乙村遇刺,刺客王亚樵1936年在广西梧州被戴笠指派的特务杀害。此段故事众说纷纭,笔者未能考证,姑妄听之。

12. 胡适考察星子名胜

有人说胡适一般不游山玩水,证据是胡适居北京长达九年,居然未登临长城。然而,1928年4月,应上海商务印书馆老板王云五之邀,胡适却花了整整三天时间了解庐山,在其所撰洋洋万言的《庐山游记》中,留下不少独到见解。最为著名的是其"庐山有三处史迹代表三大趋势"的观点,至今仍受到学术界重视。

有胡适《庐山游记》,为免杜撰之嫌,今从中节选——

从海会寺到白鹿洞的路上,树木很多,雨后青翠可爱。满山满谷都是杜鹃花,有两种颜色,红的和轻紫的,后者更鲜艳可喜。……因作绝句记之:

长松鼓吹寻常事,最喜山花满眼开。

嫩紫鲜红都可爱,此行应为杜鹃来。

到白鹿洞。书院旧址前清用作江西高等农业学校,添有校舍……农校已迁去,现设习林事务所。……然洞外风景尚好。有小溪,浅水急流,铮淙可听;溪名贯道溪,上有石桥,即贯道桥,皆朱子起的名字。桥上望见洞后诸松中有紫藤花直上到树杪,藤花正盛开,艳丽可喜。

…………

白鹿洞在历史上占一个特殊地位,有两个原因。第一,因为白鹿洞书院是最早的一个书院。南唐升元中(937—942年)建为庐山国学……宋初因置为书院,与睢阳、石鼓、岳麓三书院并称为"四大书院",为书院的四个祖宗。第二,因为朱子重建白鹿洞书院,明定学规,遂成后世几百年"讲学式"的书院的规模。宋末以至清初的书院皆属于这一种。……朱子立白鹿洞书院在淳熙己亥(1179年)……他定的《白鹿洞规》,简要明白,遂成为后世七百年的教育宗旨。

庐山有三处史迹代表三大趋势:(一)慧远的东林,代表中国"佛教化"与佛教"中国化"的大趋势。(二)白鹿洞,代表中国近世七百年的宋学大趋势。(三)牯岭,代表西方文化入侵中国的大趋势。

从白鹿洞到万杉寺。古为庆云庵,为"律"居。宋景德中有大超和尚手种杉树万株,天圣中赐名万杉。后禅学盛行,遂成"禅寺"。

…………

从万杉寺西行二三里,到秀峰寺。……寺中虽颓废令人感叹,然寺外风景则绝佳,为山南诸处的最好风景。寺址在鹤鸣峰下,其西为龟背峰,又西为黄石岩,又西为双剑峰,又西南为香炉峰,都欽奇可喜。鹤鸣与龟背之间有马尾泉瀑布,双剑之左有瀑布水;两个瀑布遥遥相对,平行齐下,下流入壑,汇合为一水,迸出山峡中,遂成最著名的青玉峡奇景。水流出峡,入于龙潭。昆山与祖望先到青玉峡,徘徊不肯去,叫人来催我们去看。我同梦旦到了那边,也徘徊不肯离去。峡上石刻甚多,有米芾书"第一山"大字,今钩摹作寺门题榜。

……

　　由秀峰往西约十二里,到归宗寺。……归宗寺为庐山大寺,好衰落了。我向寺中借得《归宗寺志》四卷,是民国甲寅先勤本坤重修的,用活字排印,错误不少,然可供我的参考。

　　我们吃了饭,往游温泉。温泉在柴桑桥附近,离归宗寺五六里,在一田沟里。雨后沟水浑浊,微见有两处起水泡,即是温泉。我们下手去试探,一处颇热,一处稍减。向农家买得三个鸡蛋,放在两处,七八分钟,因天下雨了,取出鸡蛋,内里已温而未熟。田垅间有新碑,我去看,乃是星子县的告示,署民国十五年。中说,接康南海先生函述在此买田十亩,立界碑为记的事。康先生去年死了。他若不死,也许能在此建立一所浴室。他买的地横跨温泉的两岸。今地为康氏私产,而业归海会寺管理,那班和尚未必有此见识作此事了。

　　此地离栗里不远,但雨已来了,我们要赶回归宗,不能去寻访陶渊明的故里了。道上见一石碑,有"柴桑桥"大字。……桑乔疏说,去柴桑桥一里许有陶渊明的醉石。旧《志》又说,醉石谷中有五柳馆,归去来馆。归去来馆是朱子建的,即在醉石之侧。朱子为手书颜真卿《醉石诗》,并作长跋,皆刻石上,其年月为淳熙辛丑(1181年)七月。此二馆今皆不存……《后录》有云,尝记前人题诗云:

　　　　五字高吟酒一瓢,庐山千古想风标。
　　　　至今门外青青柳,不为东风肯折腰。

　　惜乎不记其名。

我读此诗,忽起一感想:陶渊明不肯折腰,为什么却爱那最会折腰的柳树? 今日从温泉回来,戏用此意作一首诗:

　　陶渊明同他的五柳
当年有个陶渊明,不惜性命只贪酒。
骨硬不能深折腰,弃官回来空两手。
瓮中无米琴无弦,老妻娇儿赤脚走。
先生吟诗自嘲讽,笑指篱边五株柳:
"看他风里尽低昂,这样腰肢我无有!"

晚上在归宗寺过夜。

四、从名刹道院中领悟星子多元文化

星子地处庐山南麓,又扼守江南水路要冲,南下豫章,北接浔阳,西傍京城直通岭南之驿道,交通便利,自古即为各路高人慧眼青睐。在山南弹丸之地,道观、寺院鳞次栉比,蔚为大观。在中国,不知还有何地有道、释能够如此密集地集中在一起,和谐相处。流传盛广的"虎溪三笑"故事,除东林寺慧远和尚外,其中二位主人公陶渊明、陆修静均生活在星子境内。尽管这个故事为后人杜撰,但却诠释了儒、释、道三教在庐山的相互影响,体现了庐山文化的多元化和包容性。

(一)千古名寺

星子佛教历史源远流长,不但是佛教传入庐山的起点,也是佛教传入江南的标志。庐山早期同佛教相关的事迹是有关山南宫亭庙的一些记载和传说,最早可追溯到东汉末期安息国王子安世高驻锡宫亭湖。据慧远《庐山记》载:"(庐山)其南临宫亭湖,下有神庙,即以宫亭为号,其神安侯也。"北魏郦道元《水经注·庐江水》载:"(庐山)山下又有神庙,号曰宫亭庙。"

慧远所记安侯,本名清,字世高,西域安息国(今伊朗——笔者注)王太子。南北朝周景式《庐山记》和南梁慧皎《高僧传》,均记载世高在宫亭庙的神话故事。安世高让国与叔,出家修道,在汉桓帝初年到中国,翻译并传播经文。在汉灵帝末年(189年前后),振锡江南,到达宫亭湖庙。严耀中先生在其所著《中国东南佛教史》中说:"第一个在江南佛教史上留下印记的是安世高。……他在庐山停留过。他的行迹表示了来华传教的胡僧们对江南的注意,并能够到达这里,因此它至少象征着佛教传入江南的开始。"

星子有三处名寺堪称皇家寺院,其分别受到朝廷敕谕及御赐经卷。

清代江西巡抚郎廷极《秀峰记》载:

东南名胜首匡庐,江湖之会,屹然为豫章巨镇。崇岩邃壑,蜿蜒五百余里,其中道释之宫棋布星列,佛庐尤盛。

佛教自东汉传入中国,经过300余年,仍未完成其中国化的发展、壮大过程。汉代,正是中国延续两千多年的"罢黜百家,独尊儒术"的开始之时。儒家的入世观念,已经深深根植于中国士庶的灵魂,也成为政治体制中的核心思想。而佛教以出世为人生最高境界,其与儒家思想存在根本的对立矛盾,使之在中国的传播和发展受到制约。直到东晋慧远,通过在庐山的一系列活动,不仅解决了这个根本问题,并且使中国佛教摆脱了对玄学的依附,成为独立的思想体系,为后来儒、释、道在思想领域三足鼎立局面的形成,奠定了基础。因为慧远主要在东林寺活动,东林寺不属星子版图,故本书不详述。

星子古时寺院众多,有天宁、瞻云(归宗)、秀峰、万杉、栖贤、芝山、黄岩、善山、净惠、万寿、吉祥、庐山、折桂、太平、罗汉、石佛、龙驹、延丰、屏风、华严、登云、回风、大成、慧日、智林、塔下、兜率、天宁、延庆、香山、接山、大乘、道华、如意、落星、新民、报仙、水陆、精舍、庄山、承天能仁、大塘、滩头桥、云半间、观音、谷帘庄、龙云等。本章择较为著名者略述如下。

1. 万流归宗

>知见一何高,拭眼避天位。
>因观洗耳人,千古应无愧。

>——李白《赠智常禅师》

三国时期,尽管山南佛教尚未形成气候,但亦引起注目。据清同治《星子县志》记载,东吴赤乌七年(244年),康僧会献舍利子于吴国都城(今江苏省南京市),孙权令其在庐山南麓建舍利塔。此塔为星子境内最早佛塔,与归宗寺舍利铁塔是否为一处,笔者不敢妄断。归宗寺创建于东晋咸康六年(340年),距今已有1600余年,为星子自古以来见诸文字记载的第一座寺院。义熙十年(414年),梵僧佛陀耶舍主持归宗寺。他是罽(音"绩")宾国(今喀布尔河下游和克什米尔一带)人,十三岁出家,从鸠摩罗学佛,后入长安译经。据说在长安时,于打坐入定之中见到庐山金轮峰,遂躬负佛舍利南来,在金轮峰顶建铁塔以供奉。耶舍之后,归宗寺高僧辈出。唐元和年间,僧智常驻锡归宗寺,至五代十国时相继有五位高僧在此主持,寺亦"壮甲于山南诸刹"。

宋元丰年间,名僧佛印自云居山至归宗寺时,南康知军周敦颐与其成立青松社,佛印作社主。熙宁年间,真净文禅师主持归宗寺,黄庭坚与之煮茶论道,在溪边留有题刻。米芾也题写"江右第一名山"。

元末战火将归宗寺彻底破坏。明永乐年间,道溟、怀赞、慧清等僧相继着手修复,略见雏形。明万历六年(1578年),达观禅师到归宗寺,见一派颓败之相,不禁抚寺前古松道:"如寺当兴,汝复生也。"万历十五年(1587年),达观弟子果清遵师嘱托,竭尽全力,使归宗寺修复如初。明神宗两度下敕谕护寺,颁赐藏经678函,归宗寺得以中兴。

清顺治初年,蠡云、迦陵先后主持归宗寺。清雍正八年(1730年),胤禛御赐"瞻云寺"匾额于归宗寺。清乾隆五年(1740年),赐"龙藏"于寺,修建迦陵国师塔。归宗寺达到鼎盛时期,有僧舍数百间,僧众三百余人,田地千亩。后归宗寺屡有兴废,1938年遭侵华日寇洗劫,从此一蹶不振。近几十年,历经改造、拆迁,至前几年归宗寺已荡然无存,唯有几株千年古樟兀立废墟之上。

2. 古寺栖贤

> 融冶何年事?停杯莫问天。
> 只今从痼疾,畴昔似因缘。
> 倾耳真三峡,投文汤九渊。
> 兰亭那得此,犹足致群贤。
>
> ——朱熹《次张彦辅栖贤之作》

栖贤寺位于观音桥景区,距县城7公里,也是星子境内一座历史悠久的寺院。寺原名宝庵寺,南齐永明七年(489年),谘议参军张希奏建寺,距今已有1500余年。原址位于九江西部10公里处。唐宝历初,时任江州刺史李渤将该寺迁至山南三峡涧。唐穆宗长庆二年(822年),白居易路经江州,逗留遗爱草堂时,与江州刺史李渤不期而遇。经白引见,李拜访了归宗寺主持智常,"再思称叹",不久即请智常住持宝庵寺。智常难却李渤诚意,遂于春夏住宝庵寺。相传李渤兄弟当年曾在此读书,更名为栖贤寺。同时读书者七人,亦有称为七贤寺。自智常住持于此,栖贤寺日益兴盛,房屋达数百间,僧俗盈门,香火旺盛。后在唐武宗"会昌法难"时,寺院损毁,几成废墟。至唐昭宗景福年间,僧怀祐复建栖贤寺并任主持,更名为栖贤报国禅院(在佛法求取生存之途,僧人们也不得不揣摩统治者意图,以突出"讲政治"之名而暗度陈仓)。南唐有高僧道钦、智筠先后主持,成为"有堂以居,有食以饱"之名寺。

　　宋代为栖贤寺历史上最为繁华时期,为庐山四大名刹。苏辙往筠州(今江西省高安市)赴任途中,泊舟星子,游栖贤,应寺僧之邀,欣然写下《栖贤寺记》,盛赞智远、慧迁师徒再造之功。

　　栖贤寺原是一处颇具规模的古建筑群,寺侧还有朱熹知南康军时为纪念刘凝之所建刘西涧祠等。刘曾居庐山宝峰西涧,自称西涧居士,与寺僧交善。

　　栖贤寺原有五百罗汉图、舍利子、白玉佛、康熙铜塔、玛瑙石香炉等珍贵文物。其中五百罗汉图历经劫难。奉天铁岭人金世扬（字铁山）少游庐山，钟情于此，曾许愿："他日必以名迹酬山灵。"三十年后，金世扬升调苏州布政使，请名家许虎头历时七年画成200轴巨幅罗汉图，于清康熙五十一年（1712年）赠予栖贤寺。因画中共绘罗汉五百名，故称《五百罗汉图》。康有为观后，盛赞"此图堪作'庐阜镇宝'"。日寇侵占庐山后，曾出动大队人马至寺中索要此图，主持能印预先将图藏于神龛之下。日军索图不成，将寺中法器、舍利子、玉佛等洗劫一空，并放火烧寺。待日军一走，寺僧冒着生命危险，抢出部分图画。如今《五百罗汉图》仅存112轴，藏于庐山博物馆，为国家一级文物。

清顺治十一年（1654年），名僧函昰（音"是"）自粤而来，入住栖贤寺，重兴寺院，跻身庐山山南五大丛林。咸丰年间，寺院遭太平军焚毁。同治七年（1868年），寺僧朗笙重建山门，修复殿宇。后栖贤寺又遭损毁，仅存数间旧屋。十余年前，又获重建，今初具规模。

3. 万杉翠黛

　　　　万本青杉一寺栽，满堂金气自天来。
　　　　涓涓石溜供厨汲，壁壁山屏绕寺开。
　　　　半榻松阴秋簟冷，一盂香饭午钟催。
　　　　安眠饱食平生事，不待山僧唤始回。
　　　　　　　　　　　　——苏辙《万杉寺》

万杉寺在开先（秀峰）寺东北2里庐山庆云峰下，是庐山较早受到帝王重视的寺院之一。始建于南梁，初时为庵，居庆云峰，故名庆云庵。唐朝时扩建寺院于庆云峰下，更名庆云院。

北宋真宗景德年间，主持大超在寺周遍植杉树，号称万株。宋仁宗天圣二年（1024年），御书"金佛宝殿"匾额及"国泰清净"四字，赐名"万杉寺"，一时声名大振。南宋初，遭兵燹，多有毁坏。南宋淳熙年间，高僧秀痴主持万杉寺，修复殿堂，重植杉树，逐渐复兴。南康知军朱熹、王十朋等均在此留下诗文。元初毁于兵燹。

明洪武四年（1371年），德昭大师至庐山住万杉寺，力精图兴，起废墟为广宇，寺院逐渐兴盛。明洪武二十六年（1393年），万杉寺被列为讲席丛林，颇具影响。寺院先后剃度传戒僧众逾千余人，名冠江南。明万历至崇祯年间，寺院陆续修葺。明末又遭兵毁。

清顺治年间，剖玉主持万杉寺，致力于寺院修建，至清康熙元年（1662年），"规模乃始略备，正殿巍然，两序翼然，方丈、客堂、庖湢（音'币'，浴室）之属秩秩然，钟鼓之声鼎鼎然"（黎元宽《重修万杉寺记》）。清咸丰四年（1854年），太平军攻占南康府，寺院再次被毁。清咸丰十一年（1861年），寺僧隐松禅师开始重修，至同治三年（1864年），寺院竣工，香火兴旺。1938年，日寇侵占星子，古寺又遭浩劫，仅存小屋数间，僧人被迫流离。1947年，仅一名僧人驻守。

苏轼、苏辙、黄庭坚、晁补之、李纲、张孝祥、朱熹、杨万里等宋代名家均慕名游万杉寺，皆有题诗。明末清初黄宗羲、袁枚亦有题万杉寺诗。乾隆《万杉寺》诗："大超手植万杉，黯然不辨圣凡。何必元圭说法，山神示迹东岩。"

寺前山门外左侧有千年古树，名"五爪樟"，传为宋僧大超所植。古樟枝叶交织,青藤缠绕,虬枝盘旋如五爪,故名。古人诗云:"一爪如一龙,一龙为一吟;龙吟有时合,龙爪入云深。"

寺南侧林中有宋代巨幅石刻"龙虎岚庆"四字,传为包拯所书,其中"庆"字为庐山单个古摩崖石刻中最大者。南宋时寺院有秘藏石室,相传内有宋仁宗墨宝、士大夫诗文等,朱熹曾"更启石室藏"而观之。今石室不知何处,有待后来者搜寻考证。

1995年,能行法师自安徽来,寻荒址重建,历十余年艰辛,今已成规模。2009年5月,万杉寺被定为全国二部僧的亚部传戒寺院,实现历史性再兴,万杉寺也是目前山南五大丛林中首座全面恢复的名刹。

4. 开先华藏

开先寺即今秀峰寺,距星子县城约6公里,始建于南唐保大九年(951年),原为南唐中主李璟少年时读书之所(详见前文《秀峰景区》)。在李璟的重视下,耗费大量资财,建成后规模宏大、屋宇华丽,在江南境内首屈一指。寺院建成后,李璟命宰相冯延巳(著名词人,早年曾陪李璟在秀峰读书)撰《开先寺记》。开先寺第一代主持绍宗和尚,号圆智禅师,为禅宗青原系第七世,云门宗法嗣。李璟常至该寺,与绍宗谈禅说法。绍宗之后,由其师弟清耀执掌山门,后又由青原系八世高僧主持。由此开先寺成为当时名扬海内的青原系云门宗弘法道场。

宋太平兴国二年(977年),宋太宗赐名"开先华藏",高僧善暹遂发宏愿,扩建寺院。经寺僧行瑛等辛勤付出,穷九年之力,达到有僧寮400余楹的寺院规模,"虽千人宴坐经行,冬夏无不得其所愿,宾客之有事于四方者,虽数百人夜半而过门,无不得其所求"。

元朝建立后,因西藏密宗势力随着元朝军事力量的拓展,不断渗入全国各地,其他各宗佛教受到冲击,元气大伤。元至元末,天下群雄逐鹿,朱元璋与陈友谅大战鄱阳湖,战火过处,庐山"寺院之废,十之八九",唯有山南禅宗气息尚存。元泰定二年(1325年),开先寺僧于山门右侧建亭,内立唐代画圣吴道子所绘铁线观音菩萨画像,古寺风韵略见一斑。

朱元璋登基后,利用宗教为其统治服务,特别是自诩"君权神授""真命天子",不但在庐山树立周颠仙碑,对庐山佛教也特别优渥。开先寺僧清江于洪武年间开始修复寺院殿宇,经智胜、道高、觉清、圆信、石涛、山明等住持持续努力,开先寺得以香火兴旺。

清康熙帝于康熙四十二年(1703年)二月南游到杭州,命巡抚张志栋赍御书《般若心经》一卷赐寺;三月二十六日,又赐御书江淹《从冠军建平王登庐山香炉峰》诗,摹勒刻石,建亭于寺。清康熙四十六年(1707年)春,寺僧超渊在淮安迎驾,随至松江。三月十八日,敕赐御书匾额"秀峰寺",遂更名秀峰寺。康熙御书"秀峰寺"碑刻今在秀峰龙潭东圆门外。至太平天国之军过境,将原有建筑付之一炬。后渐有修复,慈禧曾御赐袈裟。民国时蒋介石也相中此地,建有行馆,并赠款修复双桂堂。此堂原名方丈堂,曾作藏经阁,因堂前院内植有两棵桂树,分列左右,俗众皆称双桂堂,遂成此名。今古桂、堂楼、院落皆存,为秀峰景区年代最远之完整建筑。堂后有聪明泉。自聪明泉侧拾级而上峭壁,上有读书台遗址,康熙所赐御书江淹《从冠军建平王登庐山香炉峰》诗刻石亭,立于台址之中。台前悬崖处有紫石雕花护栏,长8米,高0.5米,为李璟时原物。台下有唐颜真卿、宋黄山谷、明王守仁等名家石刻。

民国二十四年(1935年),经太虚法师积极斡旋,第一次世界佛教联合会议在庐山召开。随后庐山佛教协会成立大会在秀峰寺举行,选举秀峰寺主持笑月为理事长,有会员190余人。上海水灾义赈会拨专款修复归宗寺大雄宝殿。然而,好景不长。民国二十七年(1938年),日寇侵占星子后,山南归宗、秀峰、万杉、栖贤、五乳、凌霄、白石等寺院均遭浩劫,寺院被毁,文物被抢,星子境内佛教事业走向衰败。

民国三十七年(1948年),在海会寺召开星子佛教会,选举秀峰寺主持广宁为理事长,其时全县尚存寺庵42处,僧尼96人。今秀峰寺仅存遗址。

(注:以上章节所引资料主要依据查勇云先生所撰《星子佛教史话》)

(二)道教祖庭

与佛教一样,道教在星子也有很多道场,其中以简寂观最为著名。前些年,由庐山管理局与中央电视台合作的大型系列节目《人文圣山》第一集,以简寂观作为展示庐山悠久文化的开场戏。

简寂观:原名太虚观,在归宗寺东北鸡笼山后、金鸡峰下,距县城约10公里,曾为南天师道派祖庭。南朝刘宋大明五年

(461年），著名道士陆修静在此筑建道观。

陆修静(406—477年)，字元德，吴兴东迁（今浙江省吴兴区）人，是三国东吴丞相陆凯之后，也是"虎溪三笑"传说中的人物之一。其笃好文籍，穷究象纬。早年弃家修道，好方外游，遍历云梦山、衡山、罗浮山、峨眉山等名山胜地。刘宋元嘉末，在京城卖药。其时宋文帝闻其名，命左仆射徐湛延请入宫讲学。陆固辞不就，继续游历江南。刘宋大明五年（461年）游至庐山，"爱匡阜之胜"，遂于庐山东南金鸡峰下构筑精庐，潜心修道，居处名太虚观。

他在太虚观潜心修炼，改革东晋五斗米道，自成一派，称南天师道，法号三洞法师。他"大敞法门，深弘典奥"，使南天师道成为与寇谦之创立的北天师道相抗衡的道教重要道派，令简寂观为朝野注意。其后，南天师道经过其高足孙游岳和再传弟子陶弘景大力传布，而繁衍出著名的茅山道派，大显于唐代。究其根本，应归功于陆修静所创立的《三洞经书》。所以《道学传》中有言："道教之兴，于斯为盛也。"

在太虚观七年中，他著书三十余种，使道教仪规臻于完善，后世编纂道教经书总集《道藏》即以此为基础。在太虚观度过七个年头后，陆修静经不住南朝宋明帝"虔诚致礼""至于再三"之请，于刘宋泰始三年（467年）至都城建康（今江苏省南京市）讲学，十年后在建康崇虚观里仙逝。在京期间，陆修静多次"固请还山"，虽未获准许，但他身后还是归葬简寂观。陆修静去世后，后废帝刘昱赐谥号"简寂先生"，取"休止烦恼为简，远离尘嚣为寂"之意，后人因此称太虚观为简寂观。宋徽宗时，加封陆修静为"丹元真人"。在当地,曾流传着这样一句民谣:"简寂观中甜苦笋,归宗寺里淡咸菜。"意思是说由于陆修静的法力,附近的苦竹笋都变甜了,而归宗寺里腌制的咸菜却变淡了。暗示佛家不如道家,寓有贬佛扬道之意。不过,据山志记载,简寂观附近确实出产一种带甜味的苦竹笋,每隔一年而生一次。朱熹于宋淳熙六年(1179年)三月下旬到南康军赴任,自德安方向而来,于二十八日至简寂观,住宿一晚,曾见过苦竹,在其所作《简寂观石上》一诗中有"四顾但绝壁,苦竹寒萧掺"之语,并特别加注:"相传竹是修静手植。"该诗并序刻在简寂观大门以西、大港西岸山脚下巨石上,至今仍存。简寂观现存遗址,院中有礼斗石,据说陆修静曾在此石上讲经并观天象。石上刻诗至今仍依稀可辨:

古地名踪一任游,山青如故水长流。

当年礼斗人何在?石上空余绿意浮。

观西原有东岳庙、度仙桥和油盐石。传说石洞能出油盐,每日有定数,有一道士贪心,扒大穴口,从此再不出油盐。

陆修静对庐山最大的贡献,是利用为宋明帝讲学之机,奏请皇帝为简寂观建了一座华美的道藏阁。阁中有宋明帝御赐道家经书、药方和浮图一千二百卷,全部以"龙箧贮之",成为当时全国最大的道藏经库。简寂观由此名震江南,各方道徒慕名而来,为道教研究重要基地。宋以前,简寂观一直是庐山道教最重要的宫观和最大的修炼场所,并在唐朝达到鼎盛,常住信徒达五六百人之众。简寂观的兴盛,极大地促进了道教的发展,庐山南北道观如雨后春笋般涌现。他们互相呼应,鼎立相持,与庐山佛教分庭抗礼,创造了"释道同尊"的局面。唐宋时期,简寂观先后有许坚、钱朗、郗法遵等高道。他们与朝廷官府保持着密切联系,身负高深道学和丹功。北宋著名道士陈抟也曾一度游居于此。唐朝著名诗人顾况、白居易、韦应物等,先后到过简寂观,赋诗题赞。

虽然简寂观内的白云馆、朝真馆、炼丹井、捣药臼、洗药池、赤坚石,以及陆修静手植的14株"六朝松"今皆不存,但周围的风景依然绝佳,特别是观后的东西两道瀑布,碧水长流。1980年,笔者第一次读到韦应物的《简寂观西涧瀑布下作》诗,特别喜爱其中两句:"聊将横吹笛,一写山水音。"

自宋代以后,道教逐渐式微,简寂观也屡兴屡废。最后一次引起天下人注意的是清代著名戏剧家李渔撰写的一副对联:

天下名山僧占多,也该留一二奇峰,栖吾道友;

世间好语佛说尽,谁识得五千妙谛,出我先师。

据说释道两家在庐山长期争斗,至清朝时道观几乎全被富僧占去,信奉道教的李渔愤而书写此联挂在简寂观老君殿上,才保全了简寂观。此联成为中国对联史上的名联。

承天白鹤观:在县西北15里五老峰下。唐弘道元年(683年)敕建,宋大中祥符间赐名,为唐开元间道士刘混成故居。刘混成,字元和,彭城(今江苏省铜山县)人,在白鹤观久住,后迁居到五老峰下石洞中,以种木瓜为食,据说八十六岁时炼丹成功,坐船升仙而去,此地尚有"木瓜洞"遗址。

《方舆记》云:

庐山秀丽,为江南第一。傍有木瓜岩,后有刘混成丹井、药

白。(清同治《星子县志》)

北宋著名诗人陈令举(陈舜俞)在《庐山记》中盛赞白鹤涧:

庐山峰峦之奇秀,岩壑之深邃,林泉之茂美,为江南第一,此观复为庐山第一。

元虞集《白鹤观记》载:

白鹤观者……初,唐高宗以老子,降诏天下皆建白鹤观。九江之观,在德化之白鹤乡。景隆中……复迁今观于山阳。宋祥符中,改名承天观,然后人仍名之白鹤,旧名古柏坛者也。后分九江,置南康,故今隶南康。

清朝星子宗维翰记:

匡庐秀甲东南,云峰幽壑,梵宇遍焉。而仙真栖游之区,则有简寂、青霞、元妙、白鹤诸观,兴废皆详旧志。唯白鹤,为唐真人刘混成修炼之所。其地背负五老,峻峭撑天,五峰涧水,由犀牛塘流出,绕观前后,水秀山明,东坡称为庐山胜地第一。自唐迄今,往来名士俱多题咏……庙貌巍巍,暮鼓晨钟,振响山谷。游斯地者。犹想见鹤舞山前,棋敲松竹时也。

苏轼、秦观均有题诗。

昭德观:在卓岭东。唐女真李腾空所居,一名延真观。李腾空出身公卿之家,初从女道士蔡寻真游方学道,以丹药符箓救人疾苦。唐昭德皇后曾施舍金币以辟土田,因建昭德观,其溪名昭德源。李白曾有诗《送内寻庐山女道士李腾空二首》。

昭德观至北宋初,几乎荒废。为不使该处胜迹湮灭,南康军命道士陈道融驻守,未几,陈即仙逝。后经太守胡田、曹况寻访,众人推荐李如海。李居观二十二年,手植松杉万余本,经营栋宇五十间,重门巍殿,堂奥廊庑,靡不壮丽。又建真游亭,以奉李氏之遗物;建翠微堂,以作观赏胜景之所。足为称道的是,李如海几十年所兴建之工,其资金全部由观内自筹,不曾因此而向旁人募捐,也不曾向官府申请。此举赢得时人高度赞誉。朱熹诗:

景幽人迹少,唯有此源长。
水接天池绿,花分绣谷香。
僧闲多老大,寺古半荒凉。
却怪寻山客,何由到上方。

(三)书院风采

儒学不知自何时亦称儒教。虽然儒家学说为中国两千余年的正统文化,统治着人们的思想,规范着人们的行为,但与其他宗教相比,儒学不事鬼神,一切以社会、民生为主体,似乎又不同于宗教。

儒教在星子的主要业绩是创立了中国古代书院文化的样板。1000多年的时光里,历代名家贤儒在星子留下不少读书之所。白鹿洞书院因前章有述,故略。

李氏山房:亦称白石庵,在观音桥东北约3公里,楞伽院西,原为宋李公择兄弟读书处。公择登科后,山中人以其所居之室名"李氏山房"。公择将其所读之书存此,共藏书9000余卷,供后来者学习。苏轼在《李氏山房藏书记》中如此感叹:

公择既去,山中人思之,指其所居为李氏山房,藏书九千余卷。……将以遗来者,供其无穷之求……此仁者之用心也。……使来者知昔之君子见书之难,而今之学者有书而不读为可惜也。

清朝曹秀先《白石院记》中说:"鹿洞书院,李氏山房,可以相提并论。"庵前原有苏轼所书"李氏山房"碑,今不存。

李公择中进士后曾以诗寄庵僧:"烦师为扫山中石,待请归时欲醉眠。"拟以此地作归老之所,惜后未能如愿。

石室书堂:在星子县城西十里东牯山下,狮林石壁间,北宋陈准建。陈准,字正臣,号清隐散人,与其祖父陈园、父亲陈幕同誉为"后山三陈"。书堂延之南宋,朱熹知南康军时曾到此,并为之题额:"石室书堂"。南宋末,毁于战火。

南康府儒学:在星子县城西门外,北宋时建,称"南康军学"。南宋绍兴年间,知军徐端甫改迁于城南福星门内。乾道年间,知军史俣增购书籍。朱熹知南康军时,因见府学"士风衰弊",力图整顿,制定规矩,公务之余曾去讲学。

明洪武年间,知府孟钦将府学迁建于星子镇旧址。后知府安智迁回原址,置教授、训导。正统年间,知府翟溥福重建殿庑。天顺年间,佥事余复建号舍二十四间。后知府曹凯重建斋堂,府学大门移建于棂星门之右,并建"崇义""广化"二坊。弘治年间,知府郭瑨置乐器、舞服,增添生员。万历年间,知府田琯修文庙、启圣祠,建射圃亭、观澜阁。

清顺治年间,知府薛所习重修府学。康熙年间,知府廖文英又修,其后两任知府相继增修。乾隆、嘉庆年间,知府马德生、狄尚䌹,教授郭大经分别进行大修。咸丰年间,学宫毁于兵燹。此后，知府龚翔云、颜其庶，教授傅寓相继修复。清光绪二十七年(1901年)，废科举、兴学堂，府学被废。次年，南康府中学堂成立。民国三年(1914年)，废南康府，全省设四道，星子隶属浔阳道，府立中学停办，原府学殿宇亦渐倾圮。1946年，民国江西省政府委托欧阳良柱(星子人)在此兴办省立星子初级中学，现为庐山市二中。

明清时星子还辟有庐阳书院、龙潭书院、庐秀书院、鬐山草堂、匡山草堂等教学场所，今皆不存，唯匡山草堂尚有遗址。

五、从名家作品中探寻星子文化积淀

在中国文学史上,不少名篇佳作与星子相关。特别是进入魏晋时期,开文学创作之田园诗、山水诗和山水散文之风,均涉及星子。此后,历代名人吟咏庐山之作,多有星子风物。本章选取与星子相关的古代诗文和名家题刻,略作管窥。

设县立府(军)之前,历代多有名人驻足山南。自设置南康军始,星子就成为一处热门景点,"名流墨客,络绎舟车。舟车跋涉,间关千里,访古探幽,盘桓数日不肯离去,湖上迎来送往倍难"(清南康知府廖文英《南康府志·序》)。无数文化巨擘在此停留,留下了我们至今引以为傲的文化遗产。

(一)中国山水散文的发轫之一

中国文学艺术在魏晋时期发生重大变化,文人雅士逐渐将审美视角投向自然,山水审美逐渐成为自觉意识,由此产生中国山水文学艺术。星子因富山水之胜,又得交通之便,故很早就成为山水文学艺术的主要产地。从魏晋时期开始,历代文人墨客所留下的诗文、绘画、墨迹、摩崖石刻等珍品数不胜数。这其中,开中国田园、山水诗歌风气之先的作品最值得星子人骄傲。而庐山山水散文与山水诗,在中国文学史上占有一席之地。最先兴盛于晋宋时期的山水散文小品和略记,慧远《庐山记》,陶渊明《游斜川诗序》《桃花源记》,萧纲《庐山碑记》等都是名篇。唐有李白《游庐山序》、吴筠《庐山云液泉赋》等,宋有苏轼《石钟山记》,明清以徐霞客《游庐山日记》为代表,等等。至近代,庐山山水散文更是异彩纷呈,洋洋大观。这些作品当中,只要是写庐山,无不涉及星子,不少作品更是写于星子。如果说,庐山山水散文可以作为中国山水散文的一个重要代表,那么,星子就是其中的一个重要组成部分。

(二)中国山水田园诗的摇篮

所谓田园诗,是指以田园风光和田园生活为主要歌咏对象而创作的诗。东晋,陶渊明在家乡星子所创作的一系列以乡村生活为题材的诗篇,开田园诗风。从中国诗歌发展史来看,真正把田园风光和田园生活作为主要审美对象并予以诗化的,自陶渊明始,因此,后世将他视为中国田园诗第一人。陶渊明家乡在庐山南面的星子县,归田后,他一直生活在这一带,其田园诗基本上都产生于此。值得注意的是,如今我们还可以依据陶诗中所写,找到他当年生活过的地方,不少诗中地名称呼与现在仍然一致。

南朝,被后世称为中国山水诗鼻祖的谢灵运,乘船从长江经湖口进入鄱阳湖，踏上了这片让他兴奋不已的土地，谢灵运也被后世称为"第一个登上庐山顶峰的诗人"。他所写的《登庐山绝顶望诸峤》《入彭蠡湖口》等诗篇，在中国古代山水诗中占有重要地位。

唐代，李白在此留下了《望庐山瀑布水二首》《庐山谣寄卢侍御虚舟》《庐山五老峰》等脍炙人口的诗歌名作，尤其是《望庐山瀑布水》和《庐山谣寄卢侍御虚舟》这两首诗，赢得千年声誉，历代传诵，成为公认的中国山水诗中的经典之作。《庐山谣寄卢侍御虚舟》还与《蜀道难》《梦游天姥吟留别》一起，被视为李白浪漫主义三篇代表作之一。

白居易，被贬浔阳（今江西省九江市）时，除了饮酒作诗，写下著名的《琵琶行》，还利用职务之便，数度到庐山寻访。尤其是他自诩陶渊明的忠实"粉丝"，所以不顾路途奔波，特地到星子栗里寻找陶渊明故里，最终带着满怀惆怅写出了一系列效陶诗。

北宋时期彪炳史册的几位大师级人物大都来到星子，并留下诗文墨宝。"唐宋八大家"之中的北宋六位文坛巨匠，苏洵到过庐山，是否到过星子尚有待考证。其余五位都到过星子并留下了诗文、墨宝；北宋四大书法家（苏、黄、米、蔡）中除了遭人唾弃的蔡京，其他三位都在星子留有摩崖石刻。

1. 佳作纷呈

历代名人吟咏庐山的2500篇诗文，有1800余篇写在星子。陶渊明、江淹、李白、孟浩然、韦应物、白居易、李贺、欧阳修、王安石、苏轼、苏辙、曾巩、孔武仲、孔平仲、黄庭坚、秦观、米芾、杨万里、朱熹、赵孟頫、唐寅、王守仁、袁枚、康有为、胡适……一支支生花妙笔，一首首名篇佳作，让山南星子这块风水宝地成为一处古典山水诗歌的神圣殿堂。翻开《庐山历代诗选》(江西人民出版社1980年版)，174首诗中，直接描述星子或以山南景物冠名的就有86篇。陶渊明的《桃花源记》《归去来兮辞》《五柳先生传》《饮酒》，李白的《望庐山瀑布水》，周敦颐的《爱莲说》等名篇佳作长期以来被编入中小学课本。

晋·慧远《庐山记》(原文略)

晋代慧远的《庐山记》，是目前所知最早记载庐山风物的一篇散文，历来为人们所赞赏，长期为人援例引证。慧远能文善诗，有集十二卷，已散佚。今尚存《庐山东林杂诗》《庐山记》等，而以《庐山记》影响深远。《庐山记》除叙述庐山地理位置、山名由来外，以写景状物为主，可以窥见其时庐山尚未形成浓厚文化氛围。据清人潘耒所言："域中之山，自五岳外，匡庐最著名。……东林寺于山最古，远公(即慧远——笔者注)于僧最高。东晋以前无言庐山者，自莲社(慧远所创白莲社——笔者注)盛开，高贤胜疏，时时萃止。庐山之胜，始闻天下……"

在这篇680余字的短文中，主要写庐山东南星子境内奇景，如宫亭湖、宫亭庙、宫亭神安侯、董奉馆、杏林、东南香炉峰及其周边景色等。

晋·陶渊明《桃花源记》《归去来兮辞》《五柳先生传》《游斜川诗序》

在陶渊明诗文中，有不少与庐山、星子和鄱阳湖有直接关联，其中《桃花源记》《归去来兮辞》《五柳先生传》《游斜川诗序》等名篇,更是具有鲜明地域特色。陶渊明诗文中以千古奇文《桃花源记》影响最大。世外桃源虽为虚构,却令人心向往之;理想社会不易实现,亦寄托美好愿望。时光流逝,斗转星移,已逾一千六百余载;当今社会,物欲横流,愈显陶潜高风亮节。斜川泽畔踽踽独行的落魄文人,南山之野躬耕陇亩的乡野村夫,渐渐变成一座高峰,高标独立光耀千古,不但雄踞中国文化史,更成为后世永远的精神家园。

而陶渊明不为五斗米折腰辞官归田所作的《归去来兮辞》一文,是一篇诚挚的内心自白,其所表达的人生意趣为后世历代文人所激赏。"欧阳文忠公尝谓晋无文章,唯陶渊明《归去来兮辞》而已。"(苏轼《跋退之送李愿序》)如果说《桃花源记》是对理想社会的一种向往,那么《归去来兮辞》则是对现实社会的一种批判。

《五柳先生传》是陶渊明仿照史传体而写的一篇人物传记,可以看作陶渊明的自述。一般认为约作于晋太元二十年(395年),在陶渊明出任江洲祭酒前。文中叙写五柳先生的兴趣爱好,着重突出其"不戚戚于贫贱,不汲汲于富贵"的安贫乐道、任性自得的志向与性情。五柳先生之人生态度和心理志向,与后来陶渊明的生活轨迹及处世原则十分吻合。若以此为据,则可断定陶渊明早在青年时期,就确定了自己的精神追求。"渊明少有高趣……尝著《五柳先生传》以自况,时人谓之实录。"(萧统《陶渊明传》)与陶渊明同时的萧统所言,应该不会相去太远。

在鄱阳湖畔斜川,陶渊明与几位友人的一次郊游,酒酣耳

热之间所写的《游斜川诗序》,又成为中国田园诗歌和山水游记佳作:

辛丑正月五日,天气澄和,风物闲美,与二三邻曲,同游斜川。临长流,望曾城。鲂鲤跃鳞于将夕,水鸥乘和以翻飞。彼南阜者,名实旧矣,不复乃为嗟叹;若夫曾城,傍无依接,独秀中皋,遥想灵山,有爱嘉名。欣对不足,率尔赋诗。悲日月之遂往,悼吾年之不留;各疏年纪乡里,以记其时日。(诗略)

此序文本身就是一篇精美的山水游记,行文虽短,但叙事条理分明,层层递进,描摹细腻、生动,语言凝练,文情并茂,充满诗情画意,与诗歌正文交相辉映,浑然天成。它与王羲之的《兰亭集序》同属游赏诗文中的名篇。

中国历代描写山川的文字,均托物言志,借景抒情。斜川风物闲美,正应和着诗人淳朴高洁的情怀。诗歌在赞美斜川一带自然风光的同时,抒发了诗人晚年苦闷的心情,流露出灵魂的孤独。虽然作品中表现出及时行乐的消极不满情绪,但恰恰映衬出诗人孤傲不群、坚贞高洁的情操。

该诗约写于晋安帝义熙十四年(418年)。斜川在星子县城西落星湾北部湖滨,山丘巨石上有古人石刻"日影斜川"四字仍依稀可辨。丘顶石上传为陶渊明醉卧之处,人形凹痕形象生动,浑然天成,故此地亦称为大醉石,以示与栗里醉石相区别。

近几年来,笔者与七八文友,每年正月初五相约同游斜川,缅怀靖节先贤,追逐田园诗梦,相互唱和,净化心灵。

唐·吴筠《庐山云液泉赋并序》

筠所居之东岭,其侧有泉,洪纤如指,冬夏若一。山少凡石,至多云母。其水色白,味甘且滑。此则云母滋液所致,因名云液之泉。乃结宇其旁,引于轩庑之下。既饮既漱,永玩无斁(音"易",作厌倦、厌弃解——笔者注)。今兹夏季不雨,至于十月,江湖耗,井涧涸。此泉泠泠,不减乎昔。懿其若是,爰以作赋。

坤元孕气,潜畅成泉,冠五行之首,为万物之先。爰有清泚,出此山侧。处蒙险而难和,犹井渫之不食。我搜灵秘,载披载登。见其地僻至洁,源深有恒。凝寒不为之损,暑雨不为之增。乃考室以饮,而乐在枕肱。甘侔元玉之膏,滑乃云华之液。疲可蠲,生可益。引充狎玩,惟意所适。悬之则素皎,瓮之则澄碧。昼浮光以悠扬,夜含响以淅沥。阴阳为灾,水旱失节,不雨炎夏,暨乎元月。汪汪洪波久已竭,耿耿瀑布今已绝。挫江湖之浩荡,沉涧谷之微岁。斯泉秉彝,毫纤无亏。虽远不沾惠,而近有所滋。彼涸濡于畴昔,岂不渐涓涓于此时?夫醴泉无源而易涸,丹溜乍见而难挹。曷若止以为鉴,酌焉取给,何异神仙之潢,帝台之浆,涌异域之表,湛无人之乡。兹亦标奇于绝境,真可谓灵而长者是也!

云液泉在县西桃花源谷帘泉侧。《庐山志·桑疏》:"在谷帘泉侧,山多云母,石泉云液也,故名。"若不是唐朝吴筠留下这篇《庐山云液泉赋》,如今恐怕已无人记得此泉。云液泉无"飞流直下三千尺"的气势,也没有"海风吹不断,江月照还空"的水量。其最大的特点是"洪纤如指,冬夏若一""凝寒不为之损,暑雨不为之增"。常年累月,出水量几乎始终如一,这就颇为奇特。更奇的是"今兹夏季不雨,至于十月,江湖耗,井涧涸。

此泉泠泠,不减乎昔"。久旱无雨,江湖水减,水井、溪涧均已干涸,而云液泉依旧汩汩流淌,与常年并无二致。于是,作者展开对比:"汪汪洪波久已竭,耿耿瀑布今已绝。挫江湖之浩荡,沉涧谷之微劣。斯泉秉彝,毫纤无亏。"这就不仅是奇特,而是奇异了。行文至此,突然冒出"彼瀰溽于畴昔,岂不渐涓涓于此时?"之句,以泱泱洪流昔日之盛,反衬涓涓细流今日之不绝。不由使人生疑:究竟庐山真的有如此奇异之泉,还是吴筠假借泉水而托物言志? 考诸史册得知,吴筠,字贞节,华州华阴(今陕西省华阴县)人,能文善诗,因未能考中进士,做了道士。先居终南山,曾蒙玄宗赏识,召至长安,待召为翰林,与文武百官同朝议政。后又坚决要求还山隐居。因避"安史之乱"而南游浙江,居会稽。观此赋,可知吴筠曾于庐山谷帘泉侧结庐,居以有日。史载其著述颇丰,然多散佚于元、明之际。

唐·李白《望庐山瀑布水》

日照香炉生紫烟,遥看瀑布挂前川。

飞流直下三千尺,疑是银河落九天。

因此诗名气太大,原本不需选评。正值笔者修改本书初稿时,偶尔获知一消息,遂觉得应略点一笔。据新华社消息,美国当地时间2017年4月6日,中华人民共和国主席习近平在美国佛罗里达州海湖庄园同美国总统特朗普举行中美元首会晤。下午5时,习近平偕夫人彭丽媛抵达海湖庄园,受到特朗普和夫人梅拉尼娅的热情迎接。两国元首夫妇共同欣赏了特朗普外孙女和外孙演唱中文歌曲《茉莉花》并背诵《三字经》和唐诗。

从特朗普长女伊万卡发布的视频中可以看到,尽管两个可爱的孩子中文尚不够流利,但背诵的唯一一首唐诗就是李白的《望庐山瀑布》。

该篇作品是描写庐山南麓秀峰寺后香炉峰前的瀑布,又称黄岩瀑布。李白写此瀑布诗有二首,此作为七绝,另有一首五古。近几十年七绝选入小学课本,去掉一个水字,改为《望庐山瀑布》。

唐·李白《庐山谣寄卢侍御虚舟》

我本楚狂人,凤歌笑孔丘。

手持绿玉杖,朝别黄鹤楼。

五岳寻仙不辞远,一生好入名山游。

庐山秀出南斗傍,屏风九叠云锦张,

影落明湖青黛光。

金阙前开二峰长,银河倒挂三石梁。

香炉瀑布遥相望,回崖沓嶂凌苍苍。

翠影红霞映朝日,鸟飞不到吴天长。

登高壮观天地间,大江茫茫去不还。

黄云万里动风色,白波九道流雪山。

好为庐山谣,兴因庐山发。

闲窥石镜清我心,谢公到处苍苔没。

早服还丹无世情,琴心三叠道初成。

遥见仙人彩云里,手把芙蓉朝玉京。

先期汗漫九垓上,愿接卢敖游太清。

此诗不做赏析,仅就几点与星子有关之处略做说明——

秀出南斗傍：秀出，指风景秀丽，突兀而出。南斗，星名。古时天文学家认为浔阳属南斗分野（地上某些地区与天上某些星宿相对应，称分野），江西星子县即晋浔阳郡地，庐山在星子西北，故有"庐山秀出南斗傍"之句。

屏风九叠：即庐山九叠屏，因山成九叠如屏而得名，也称屏风叠、云锦屏，俗称火焰山，在五老峰东北。

影落平湖：平湖指鄱阳湖。在星子县城南落星湾、城东神灵湖、西北梅溪湖等湖面上，均可见庐山倒影。

三石梁："银河倒挂三石梁"句，有人依据"三石梁"三字，以为是写三叠泉，殊不知三叠泉直至南宋被一樵夫发现后才为人所知。关于三石梁，历来说法不一。有人认为是不满一尺宽，长约数丈形似桥梁的三道山石，在含鄱岭东，五老峰西；有人说在开先寺旁；有的说在紫霄峰上；有的说在简寂观侧；甚至于有人认为庐山根本就没有三石梁，只是李白随意一写罢了。依南朝陈张正见《游简寂观》诗"三梁涧本绝，千仞路犹通"之句，简寂观之说似为可信。而简寂观亦有东西两道瀑布，距李白所咏秀峰黄岩瀑布仅一箭之遥。

闲窥石镜：石镜，指石镜峰，在县西二十六里金轮峰侧。谢灵运《入彭蠡湖口》诗中有"攀崖照石镜"句。

谢公到处：此指前段所述"攀崖照石镜"之地。"谢公到处苍苔没"，既是实写，也是对才华横溢、开创中国山水诗歌先河的谢灵运的一种缅怀。因为，谢灵运写下这首诗后不到三年，就被其政敌罗织罪名，杀害于广州。

唐·韦应物《简寂观西涧瀑布下作》

泷流绝壁散，虚烟翠涧深。

> 丛际松风起，飘来散尘襟。
> 窥萝玩猿鸟，解组傲云林。
> 茶瓜邀真侣，觞酌洽同心。
> 旷岁怀兹赏，行春始重寻。
> 聊将横吹笛，一写山水音。

少时读韦应物名篇《滁州西涧》，为其对山水风光的参悟所呈现的意境而倾倒。1980 年，笔者第一次读到他描写简寂观瀑布的诗作，顿生倾慕。简寂观距星子县城仅 10 公里，邻近星德公路，虽只有遗址，但观后双瀑依然日夜长流。此诗充分表达了韦应物一贯的人生志向和寄情山水的襟怀。在他看来，瀑布飞流溅沫，能够吹散胸中尘虑；与观中道士对酌，交谈十分投机；游览庐山的愿望已有多年，只到今春才趁巡访民间之便得以如愿。韦应物曾任江州刺史（世称韦江州），庐山就在治南，且奇峰异景比邻，他的满腹才华为何单单只为简寂观的景色而挥洒？是否与观中道士的一番畅谈有关。不然，何以在诗的最后，他竟情不自禁地表白，要"聊将横吹笛，一写山水音"呢！

唐·白居易《访陶公旧宅》并序

予凤慕陶渊明为人。往岁渭川闲居，尝有《效陶潜体诗十六首》。今游庐山，经柴桑，过栗里，访其宅，不能默默，又题此诗。

> 垢尘不污玉，灵凤不啄膻。
> 呜呼陶靖节，生彼晋宋间。
> 心实有所守，口终不能言。
> 永惟孤竹子，拂衣首阴山。

夷齐各一身,穷饿未为难。
先生有五男,与之同饥寒。
肠中食不充,身上衣不完。
连征竟不起,斯可谓真贤。
我生君之后,相去五百年。
每读《五柳传》,目想心拳拳。
昔尝咏遗风,著为十六篇。
今来访故宅,森若君在前。
不慕樽有酒,不慕琴无弦。
慕君遗荣利,老死此丘园。
柴桑古村落,栗里旧山川。
不见篱下菊,但余墟中烟。
子孙虽无闻,族氏犹未迁。
每逢陶姓人,使我心依然。

白居易被贬江州,对他个人来说,是不幸,但对于这一方天地,却是大幸。在九江,他写出中国古代长篇叙事诗的巅峰之作《琵琶行》。在星子,也因其对陶渊明的倾慕而留下诗作。

白居易崇拜陶渊明,自称"异世陶元亮"(《醉中得上都亲友书》)。被贬江州,是命运为白居易安排的一次近距离亲近陶渊明的机会。江州栖身之地,与渊明故里相邻。于是专程寻访渊明故居——栗里(今庐山温泉所在地),见渊明后裔仍居住在此,喜不自禁,留下此作。

白居易身为司马,属副官,从五品下阶,俸禄丰厚,因为是贬官,有职无权。"常爱陶彭泽,文思何高玄?又怪韦江州,诗情亦清闲。"(《题浔阳楼》)既爱陶渊明,又羡慕江州刺史韦应物。此前在渭川丁忧期间,闲来无事,白居易自觉虽然与陶渊明相隔五百余年,但每次读到陶渊明的《五柳先生传》,总是心向往之。且模仿陶渊明诗风,作"效陶诗"16首。如今在陶渊明家乡,瞻仰其故居,寻访其后裔,仿佛看到陶渊明如在目前,乃至每次遇见陶姓之人,均倍感亲切。白居易不禁感叹:既不羡慕陶渊明天天喝酒,也不羡慕陶渊明经常弹奏那把无弦琴。他最钦慕的,是陶渊明能够抛弃世间荣华富贵,在自己的家园里安度一生,静静地老去。于是,他在庐山北香炉峰北、遗爱寺南觅得"云水泉石,胜绝第一"的一处宝地,并随即修筑草堂,以作终老之所。

"陶渊明,晋之白乐天。"(元好问《论诗三十首》)然而,白居易终究不是陶渊明。他的"闲适诗",不断表白自己的淡泊高雅,偶尔叹息自己的衰老孤独,有时甚至追寻佛经禅理,究其然,不过是官场受挫,"宦途自此心长别,世事从今口不言"(白居易《重题》)。而最终还是做不到"应须学取陶彭泽,但委心形任去留"(白居易《足疾》)。因此,一朝天子相招,即露出本来面目——"正听山鸟向阳眠,黄纸除书落枕前。为感君恩须暂起,炉峰不拟住多年。"(白居易《别草堂三绝句之一》)襟怀坦白,实话实说,倒也实诚可爱。

尽管白居易没能做到像他的偶像陶渊明那样"慕君遗荣利,老死此丘园",但在他仰慕一生的精神导师的家乡,留下了这些赞颂陶渊明的诗文,也为他一生的牵挂,找到了一处寄托。他一共写了83首模仿陶渊明诗风的"效陶诗",直到乐天升天。

不过,他为自己留下了退路。名称"效陶诗",效仿而已,何必当真。陶渊明,不是谁想学就能学得来的,即便是模仿,也不容易。

唐·吕洞宾《题归宗寺壁》

一日清闲自在仙,六神和合报平安。

丹田有宝休寻道,对境无心莫问禅。

吕洞宾,中国古代神话故事"八仙过海"之神仙之一,在历史上确有其人。据清同治《九江府志·吕喦自述》记载,吕洞宾本姓李,系唐朝宗室,年五十始登第为官。不久,黄巢兵乱,遂携妻别子,遁入山洞。因少了四个孩子,家中只有两口人,故改姓吕;又因常居洞中,可谓洞中宾客,故号洞宾。后因妻殁,仅余一个男人,取号纯阳子。

另,《嘉靖九江府志》载:吕洞宾"拜浔阳令,能以德化民,游庐山,遇异人,得长生诀。后游湘潭、诸鄂之间,天下悉知其名"。

吕洞宾在庐山修道之所即如今庐山佛手岩下仙人洞。清光绪三十一年(1905年),在佛手岩右侧建纯阳殿,殿中供奉吕洞宾塑像。据宋人白玉蟾所撰《授墨堂记》载:

……浔阳乃天下江山眉目之地,庐山盖仙灵咏真洞天、虎溪福地也。尝闻之,晋钟离权(八仙之一——笔者注)栖隐于山中,唐吕洞宾过山中遇钟离权,获刀圭之传,后与之俱仙矣。

以上所记,皆具神奇之说,不必深究。而真实的吕洞宾是一个笃信宗教、云游四方之人,他确实到过庐山,并拜瞻了南天师道教祖庭——简寂观,游览了佛教道场——归宗寺。前面所引一诗,即是他题于归宗寺壁。诗句明白晓畅,富有哲理。

北宋·周敦颐——《爱莲说》

水陆草木之花,可爱者甚蕃。晋陶渊明独爱菊。自李唐来,世人盛爱牡丹。予独爱莲之出于淤泥而不染,濯清涟而不妖,中通外直,不蔓不枝,香远益清,亭亭净植,可远观而不可亵玩焉。

予谓菊,花之隐逸者也;牡丹,花之富贵者也;莲,花之君子者也。噫!菊之爱,陶后鲜有闻。莲之爱,同予者何人?牡丹之爱,宜乎众矣!

此文不用多解,虽仅有120字,但一经问世,即成为历代正人君子们的座右铭。时至今日,依然意义深远。

周敦颐(详见前文《名贤过化》)一生酷爱端庄雅丽、清幽玉洁的莲花。在南康军星子县,命人在衙门院外左侧,开池种莲,由此诞生《爱莲说》。

明·李梦阳《游庐山记》(节选)

自白鹿洞书院陟岭东北行,并五老峰数里,至寻真观。观今废,有石桥。……复并涧转北行数里,至水帘泉。水帘泉者,俗所谓三叠泉也。……水帘挂五老峰背悬崖而直下,三级而后至地。势如游龙飞虹,架空击霆,雪翻谷鸣,此庐山第一观也……自书院陟岭西北行,至五老峰下,并木瓜崖西行,则至折桂寺。朱子尝游此。循岭而南下,至白鹤观,刘混成栖处。观背峰曰"丹砂"。自观西北行数里,至栖贤桥。桥跨涧孤危,宋祥符间桥也。涧曰"三峡",石杆栏而巍,怪镈处渊潭碧黛,激则澎湃。桥旁有石亭,亭旁崖刻钱闻诗诗。自桥西并涧行,至

玉渊。其涧喷涌来,至此而穴石悬注,声如迅雷,亦天下之壮观也。过此则栖贤寺,今废。李白尝寓此。……

卧龙潭则在五乳峰下,路仍自栖贤桥出涧口西行数里。北逾重岭,入大壑,始见潭,潭亦瀑布注而成者。潭口有长石,磷磷起犹龙。朱子尝欲结庵潭旁。今崖壁有剶字,然岚重,昼日常黯黯。……又西至开先寺,有瀑布、龙潭,有双剑、鹤鸣、香炉诸峰,有读书台。萧统、李煜尝寓此,亦庐山一大观也。自开先西行十数里至归宗寺。……王羲之尝寓此洗墨、养鹅,皆有池。寺前里许,有温泉。自归宗寺西北行,则至灵溪观。观西为陶渊明栗里,今有桥,有吐酒石。过此西北行,则古柴桑地。有鹿子畈、面阳山、渊明宅与葬处。

…………

按志,庐山有大岭,与九叠屏风号奇绝,李白诗所云"屏风九叠云锦张"。今问人,咸莫谙其处,惟开先寺前有锦屏铺云。

李梦阳,字献吉,明代甘肃庆阳人,曾任江西提学副使。工诗及古文,为明代古文复兴运动领袖之一,与何景明、徐祯卿等号"前七子"。李梦阳此篇《游庐山记》,在古人所作庐山记游当中属较全面者,基本上介绍了庐山南北之大概,其中主要还是记述山南诸景。特别是其认为庐山景物之中三叠泉,为庐山第一观;玉渊潭,为天下之壮观;开先寺,亦庐山一大观也。这些景物,均在山南星子地界,可见"庐山之美在山南"一说为古今共识,并非邑人自夸。文中有对白鹿洞原址的考证辨讹,有对李白所写屏风叠的探究,均有一定的参考价值。

明·徐霞客《游庐山日记》(原文略)

徐霞客,名弘祖,字振之,江苏江阴人。少立奇志,不走科举之途,用毕生精力考察祖国山川地理。他于1618年夏从九江弃舟登岸,游览庐山。至东林寺,攀石门涧,上天池山,登汉阳峰,然后考察庐山东南,于开先寺作别。

徐霞客《游庐山日记》与一般文人墨客所记不同,主要记述山川地理。其文虽短,然庐山最胜处悉入其中,尤以星子境内着墨最多。在描述地理环境同时,时而抒发个人观感。如,写五老峰"峰峰各奇不少让,真雄旷之极观也";三叠泉"潭前峭壁乱耸,回互逼立,下瞰无底,但闻轰雷倒峡之声,心怖目眩,泉不知从何坠去也";楞伽院左侧瀑布"遥望山左胁,一瀑从空飞坠,环映青紫,夭矫屈曲滉漾水势大而飞溅,亦一雄观";三峡涧"涧石夹立成峡,怒流冲激而来,为峡所束,回奔倒涌,轰振山谷。桥悬两岩石上,俯瞰深峡中,迸珠戛玉"。

徐霞客为文真实,不为自己误判而遮掩。如其先于开先寺殿后观李白所写庐山瀑布,因距离远,且为树木所碍,便觉此瀑布不及楞伽院左侧瀑布壮观。及至次日登文殊台,得窥瀑布全貌,便自叹"不登此台,不悉此瀑之胜"。笔者数十年间,无数次陪同客人观赏此瀑,若遇秋冬之季,水量偏小,客人必疑李白所言"飞流直下三千尺,疑是银河落九天"为酒后醉语。西哲言:人不可能两次踏入同一条河流。况且,以千余年前之人烟、植被密度等因素,当时瀑布水量绝非今日可比。又听人说,几十年前,为利于农田灌溉,自瀑布源头分流,导入温泉公社某水库,瀑布水量就更小。李白所处盛唐,疆域比现在国土面积更大,而人口仅7000余万,尚不及今日一大省人口数,彼时环境面貌,读者自可想象。

明·王祎《自建昌州还经行庐山下记》(节选)

八月,余自京还。九月,以事行郡境。……十日发德安,西北行三十里至庐山下,访汤泉。

汤泉在路南,距山址不半里。甃石为池者五。南一池,极热,手不可探。北四池,水稍温,人往往入其中浴,然皆作硫磺臭。……

又数里,过醉石,观陶靖节故居。其地栗里也,地属星子县,而星子在晋为彭泽县。观已废,惟有大石亘涧中。石上隐然有人卧形,相传靖节醉即卧此石上也。按史,靖节为彭泽令,督邮行县,吏白当束带见之。靖节不肯折腰小儿,遂解官,赋《归去来辞》而归,义熙三年也。是岁,刘裕实杀刘仲文,将移晋祚。陶氏世为晋臣,义不事二姓,故托为之辞以去,若将以微罪行耳。梁昭明谓耻复屈身异代,要为得其心,夫岂以一督邮为此悻悻乎?靖节既归,益放情于酒。人知其乐于酒,而固莫窥其所以然也。或云观南诸山,即其诗所谓"悠然见南山"者也。其旁居民多陶姓,云是靖节后。

…………

又循山下西北行,未至郡治二十里,为归宗寺,在金轮峰下。山势方凝然,忽石峰从山腰拔起,如卓笔,高与山齐。峰顶有舍利塔,俗呼为耶舍塔。释氏书云,佛灭度后所遗舍利八万四千,散在人世龙宫,皆贮以金瓶宝箧,建塔藏焉。东晋时,耶舍尊者自西域奉舍利来,八万四千之一也。于此建塔,塔高若干尺,范铁为之,外包以石。峰峭峻,铁石重,人力不可施,皆运神通力致之,俗故呼为耶舍塔。耶舍亦与远公社,尝举如意无言以示远。远不悟,即拂衣去。是时禅学未入中国,而兆则已此现矣。耶舍之去,径上紫霄峰,紫霄又在金轮东也。

寺相传为右军故宅,有池水色黑,曰墨池,羲之之所洗墨也。"羲之尝慕张芝,临池学书,池水尽黑,此为其故迹,岂信然耶?"今临川郡城东有墨池,南丰曾氏为记。盖深疑之,以谓"方羲之之不可强以仕,而尝极东方,出沧海,以娱意于山水间,岂有徜徉肆恣而又尝自休于此耶?"余谓以彼之可疑的,则此之不足信,非耶?

宋元丰间,真净文禅师住归宗时,濂溪周先生自南康归老,九江黄太史以书劝先生与之游甚力,以故先生数数至归宗,因结青松社。若以踵白莲社者,又名寺左之溪曰鸾溪,以拟虎溪。其事为释氏所传,世皆谓先生实传圣贤千载不传之统,岂其有取于佛氏之徒而愿从之游?甚者又谓濂溪之学受于寿岩佛者,此又厚诬吾先哲者也。余以为不然,大贤君子于其道既有得矣,其于形迹未尝以为累也。况先生之高,致如光风霁月,初无凝滞固执,奚必深辩之耶?及淳熙中,应庵华禅师继主归宗,朱夫子时为郡,亦尝试与之游。华公盖临济正传于大慧,为适孙。归宗虽非巨刹,以屡为名僧所居,号天下归宗。……

此文叙事议论皆精到,尤其是对陶渊明辞官缘由的分析,耳目一新。对归宗寺王羲之墨池真伪一事,借曾巩所撰《墨池记》之语而发表个见,颇具匠心。又如对周敦颐与禅师结青松社,借朱熹知南康军时常与和尚同游之事,反驳前人之疑,恰到好处。另,文中关于温泉、醉石、栗里、醉石馆及南山等物的记述,后世陶学之人可资研究。此文可与清代翁方纲《墨池记》

一文所持观点互为参照。

王袆,时任南康府同知,后成为朱元璋"文胆"。朱曾对王言:"吾闻江南有二才,惟卿与宋濂耳。"

2. 瀚墨流芳

因占名山大川之胜,又得南北交通之便,南康府星子县自古即为文人墨客盘桓留恋之地,由此留下诸多珍贵书法石刻遗存。庐山1300帧摩崖石刻,星子占有700余帧。特别是唐代褚遂良、颜真卿和"苏、黄、米、蔡"宋四家中有三位在星子留有摩崖石刻。对于一个远离政治、经济中心的小县来讲,足可傲视全国。据文物部门调查统计,仅秀峰景区1.2平方公里范围内,就有182帧历代石刻,自唐代以下至近代,绵延一千余年,且大多出自名人名宦之手。2006年,秀峰摩崖石刻经国务院批准公布为全国第六批重点文物保护单位。有文博专家赞叹:"秀峰摩崖石(碑)刻群,历史悠久,延续性长,自唐至近代、现代皆俱,其作品集古今中外名人都有,堪称我国古代文化瑰宝,江南书法艺术宝库。"其余如白鹿洞书院石刻群、观音桥景区石刻群、玉帘泉摩崖石刻群、醉石馆石刻群等,可谓琳琅满目,各呈风采。白鹿洞书院石刻群,历代题刻繁多,作为白鹿洞书院范围内的重要文化遗存,1988年与白鹿洞书院一道整体列入全国重点文物保护单位。醉石馆石刻群,有孔文仲、朱熹等历代文人题刻数十通,1988年被列为省级重点文物保护单位。玉帘泉摩崖石刻群,自北宋黄庭坚与真净文禅师同游石镜溪时首次留下摩崖题词,至今仍存宋至明清摩崖石刻30余帧。2013年,玉帘泉摩崖石刻群被列为省级重点文物保护单位。

因本系列丛书中有一卷,故本章择取名家遗存略作管窥。

褚遂良《山河阻绝帖》

山河阻绝,星霜变移。伤摇落之飘零,感依依之柳塞。烟霞桂月,独旅无归。折木叶以安心,采薇芜而长性。鱼龙起没,人何异知者哉? 褚遂良述。

此刻在归宗寺宗鉴堂,今不存。文友殷明提供。褚遂良(596—659年),初唐政治家、书法家。其书初学虞世南,后取法王羲之,楷书自成一体,与欧阳询、虞世南、薛稷并称"初唐四大家",有多本墨迹传世,以楷书《雁塔圣教序》最为著名。

颜真卿《大唐中兴颂碑》

颜真卿(709—784年),盛唐书法大家,因其字体丰腴,与柳公权瘦硬字体并称"颜筋柳骨"。碑在秀峰景区南唐中主李璟读书台下,为青石材质,原有四块,每块均高2米余。日寇侵入星子,寺僧恐此碑落入贼手,将其掩埋。几十年后,秀峰寺荒废,亦无僧人,此碑不知所踪。20世纪70年代初期,当地兴修水利,开沟挖渠,农民在秀峰寺外挖出三块,其时无人识货,堆于道旁。未几,适省文化部门有人至星子,请其考察,认定为颜公书法,大惊:如此珍宝,怎能如此处置? 当地遂将三块碑立于秀峰。至今四十余年过去,第四块碑尚未露芳容。后来临碑观摩的游客,无不以为遗憾。笔者认为,虽整套碑刻不能凑齐,有残缺之憾,但由此足见当年寺僧虽为方外之人,其拳拳爱国之心令人敬佩。以此亦可作日寇入侵中国劫掠文物之见证,莫非天意……

颜真卿曾居颜家山(见前章《颜真卿·颜家山》),其裔孙颜翙亦居此，在白鹿洞书院进修。此碑文或为颜公寓寓山南所书，或为颜翙所传而刻石，待考。碑文为中唐名家元结所撰。碑文较长，故略。

吴道子绘本铁线观音像碑刻

位于秀峰景区老山门之后。原作为画圣吴道子所绘，后为元代画家姜月镜补绘，线条流畅，铁画银钩，描绘精细，为唐朝吴道子所擅长之铁线描风格，因称为铁线观音。画像为观音大力士，男身，颔有须，与后世所见观音菩萨女性造像不同。原碑已毁，现碑为1981年江西省文物部门拨专款，由星子县人民政府采横塘上好青石，请传统镌刻艺人，依原碑拓片复制。石碑高大庄严，用12平方米整块石料制成，属省级保护文物。

北宋仁宗皇帝题刻：国泰清净、金佛宝殿

桑乔《庐山纪事》云："相传万杉石刻甚富，僧皆蹐而瘗之。惟宋仁宗'国泰清净'四大字、槐京包帚书'龙虎岚庆'四大字存焉，在寺之后山。"今仁宗所题已佚。"龙虎岚庆"四字仍在万杉寺，其中"庆"字为庐山石刻单字最大者。"槐京包帚"疑为包拯，近年来有文化学者考证辨讹，尚无定论，以万杉寺监院仁静师傅所撰文章较为详尽。

孔文仲醉石题刻

《庐山历代石刻》（江西美术出版社2010年版）一书中取九字"孔文仲僧鸿式游醉石"。书中专家评语："文仲书法极少流传，有此弥觉珍贵。"

2015年5月，笔者驱车陪同九江宗亲孔令长、孔金火，由县政协袁晓宏先生指引，一行人爬上醉石，以水浇石，赫然现出

"裴公亮孔文仲僧鸿式游醉石"十二字。

苏轼《解嘲》释注碑

解嘲。

蜀中多桤木,读如欹仄之欹,散材也。独中薪耳,然易长,三年乃拱,故子美诗云:"饱闻桤木三年大,为致溪边十亩阴。"凡木所庇,其地则瘠,惟桤不然,叶落水中辄腐。能肥田,甚于粪壤,故田家喜种之。得风叶声发发如白杨也。吟风之句,尤为纪实云。笼竹,亦蜀中竹名也。

此为苏轼书杜甫《堂成》一诗后所作注解。碑为归宗寺宗鉴堂所刻前人书帖。宗鉴堂所刻法帖遭日寇所掠而散佚,至今下落不明,星子仅存此碑,藏县文物管理所。文前应有杜甫原诗,不见。

杜甫原诗:

> 背郭堂成荫白茅,缘江路熟俯青郊。
> 桤林碍日吟风叶,笼竹和烟滴露梢。
> 暂止飞乌将数子,频来语燕定新巢。
> 旁人错比扬雄宅,懒惰无心作解嘲。

此碑作者有争论。据碑中后一段文字"此苏太师真翰也……"推测,有学者认为应为北宋苏颂所写。碑尾有"奉同公择尚书咏茶碾煎啜三首"文字,不见李公择诗,可见此碑前后应各有一块,此为中间一块。碑中除"此苏太师真翰也……"题跋外,其余文字书写风格似苏轼书体。

另据清同治《星子县志》记载,在归宗寺王羲之洗墨池旁,原刻有王羲之、黄庭坚、米芾等人的书法碑帖——《宗鉴堂法帖》，不料相距百年，如今踪迹全无，令人叹惋！近日偶读文章，言此地碑刻于1938年为侵华日军所掳掠。

黄庭坚："七佛偈"及其他

黄庭坚（1045—1105年），字鲁直，号山谷道人，晚年号涪翁，洪州分宁（今江西修水）人。进士，做过秘书省校书郎。早年随苏轼学诗，与张耒、晁补之、秦观号称"苏门四学士"，宋代文坛"江西诗派"领军人物，在诗坛与苏轼并称"苏黄"。词与秦观齐名。其草书楷法自成一体，行楷别具一格，人称山谷体，为宋四家之一。

黄庭坚在星子多有题诗，其中《题落星寺》一诗中"一拳擎寺出，万里枕江流"句，成为描写落星石的名句。相比黄庭坚为星子的诸多题诗，其在此留下的刻字更为难得。

"七佛偈"并款：刻在秀峰南唐中主李璟读书台下石壁上。宋元祐六年（1091年），黄庭坚游秀峰开先寺时应寺僧鉴瑛禅师所请而书，是庐山极少见的宋代名家镌岩之一。碑文保存完好，在此不录。从所题款识"鉴瑛禅师请予书此七佛偈，刻之于石壁……坡仙之遗意。元祐六年十二月大寒黄庭坚书"可以推测，当年苏轼曾承诺为寺院书写"七佛偈"。

"聪明泉"三字：在秀峰双桂堂后，此为庐山南聪明泉。北聪明泉在东林寺。

"石镜溪"并款：刻在归宗寺后石镜溪边岩石上，是宋哲宗绍圣元年（1094年）与当时住持归宗寺的真净文禅师一同在此石上品茶后所写。取李白《庐山谣寄卢侍御虚舟》一诗中"闲窥石镜清我心"之意。

"金轮峰"三个大字,十个小字:刻在水边砥石上。十个小字是"何必丝与竹,山水有清音",意境深远。

米芾:"第一山"及其他

"青玉峡"三个大字,楷书。刻在秀峰上下龙潭中间石壁上,正对"漱玉亭"。米芾曾在秀峰作《开先寺观龙潭》诗,第一句是"度峡扪青玉",把秀峰龙潭边的石头比作青玉。

"第一山"三大字,草书。刻在龙潭东面、漱玉亭之北石坡上。多年以前,秀峰就将"第一山"三个字临摹下来,做成匾额,挂在山门上,成为秀峰的一块金字招牌。

江淹《从冠军建平王登庐山香炉峰》诗碑

碑在李璟读书台上。一块石碑涉及三个历史名人:一是诗作者江淹,为成语"江郎才尽"之江郎;二是书法作者,"宋四家"之一米芾;三是康熙皇帝。当年开先寺僧伴驾游江南,在扬州求得御书"秀峰寺"三个字。后来康熙皇帝觉得意犹未尽,又临摹了米芾这幅书法,赐给秀峰寺。前国家副主席董必武同志游秀峰,观赏此碑,不禁击节赞叹:"好诗,好字,珠联璧合!"

朱熹:简寂观诗及其他

朱熹知南康军时间虽短,仅两年零二十八天,却留下不少石刻。

简寂观诗:

> 高士昔遗世,筑室苍崖阴。
> 朝真石坛峻,炼药古井深。
> 结交五柳翁,屡赏无弦琴。
> 相携白莲社,一笑倾夙心。

岁晚更朝市,故山锁云岑。
柴车竟不返,鸾鹤空遗音。
我来千载余,旧事不可寻。
回顾但绝壁,苦竹寒萧椮。

此诗为朱熹到任后巡视简寂观时所题,刻于观前洞边山石上,有小字题署"淳熙六年六月仲晦父"等,旁有"连理"二大字题刻。

"归去来馆"四字,隶书。在栗里陶渊明醉石上。

"谷帘泉"三字,隶书。在康王谷(庐山垅)道旁山石上。

"敕白鹿洞书院"六字,楷书。在白鹿洞书院枕流桥东侧流芳涧石壁上。

"白鹿洞"三字,楷书。在白鹿洞书院枕流桥头西边石壁上。

"枕流"二字,擘窠大字,楷书。在白鹿洞书院枕流桥下流芳涧中巨石上。

"钓台"二字,行书。在白鹿洞书院门前贯道溪畔,旁有明人刘世扬所题"意不在鱼"四字。

"自洁"二字,楷书。在白鹿洞书院枕流桥头西边石壁上,古时进书院自南边沿回流山而入,过流芳桥,经华盖松,即将踏上枕流桥时,即见此二字,似迎客语,而"白鹿洞"三字如招牌。

张孝祥:玉渊

在三峡涧上游玉渊潭石壁上。《庐山志》《星子县志》均作"宋孝祥题"。

钱闻诗:三峡涧

"三峡涧"三字,在三峡桥(观音桥)下游岸边砥石上,单个字有一米见方,旧志均载为黄山谷所书。2016年夏,经袁晓宏、李霞夫妇考证,应为钱闻诗所书。是年秋,笔者与文友一道,在袁、李二人指引下,实地踏勘,果如其言。黄庭坚曾为三峡桥作《三峡桥铭》一文,许是因此而误传桥下三个大字也为其所书。

钱闻诗,继朱熹之后任南康知军,颇有政声,为当地名宦。后卜居城南十里湖西岸,子孙繁衍,此地由此称作钱家湖。

唐寅:庐山图

该图真迹在安徽省博物馆,庐山博物馆所藏为复制品。名为庐山图,实际应称为庐山三峡桥(观音桥)图,因此图所绘,以三峡桥一带山水为背景,且画上所题诗云:

匡庐山前三峡桥,悬流溅扑鱼龙跳。

羸骖强策不肯度,古木惨淡风萧萧。

唐寅于明正德九年(1514年)第一次游庐山,归家途中经安徽在一好友家中作此图。

王守仁:纪功碑

刻在秀峰南唐中主李璟读书台下石壁上,与黄庭坚"七佛偈"毗邻。

正德己卯,六月乙亥,宸濠以南昌叛,称兵向阙。破南康、九江,攻安庆,远近震动。

七月辛亥,臣守仁以列郡之兵复南昌,宸濠还救,大战鄱阳湖。丁巳,宸濠擒,余党悉定。

当是时,天子闻变赫怒,亲统六师临讨,遂俘宸濠以归。

于赫皇威,神武不杀。如霆之震,靡击而折。神器有归,孰敢窥窃。天鉴于宸濠,式昭皇灵,以嘉靖我邦国。

正德庚辰正月晦,都督军务都御史王守仁书,从征官属列于左方。

碑文很短,百余言文字,没有通常歌功颂德之类碑文一般铺陈,又写得自相矛盾,前面是"臣守仁""复南昌""宸濠擒""余党悉定",后面却是天子"亲统六师临讨,遂俘宸濠以归",耐人寻味。

明正德十四年(1519年)六月,明王朝宗室宁王朱宸濠在江西南昌起兵,公开反对明武宗统治的中央政权。朱宸濠率兵从南昌出发,沿鄱阳湖水路行进,所向披靡,很快就攻下南康(星子)、九江,兵临安庆,锋芒直逼京城。一时间,"京师闻变,诸大臣震惧"。此时,王守仁正在奉命率军由庐陵(吉安)向福州进发的途中。朱宸濠起兵前,曾经派人与王守仁联络,表示要与王守仁"讲明正学",实际是试探王守仁的态度,试图拉拢利用。然而,对朝廷忠心耿耿的王守仁,深谋远虑,静以待变。一到朱宸濠兵变,他立即向武宗飞报,又主动请战。待王守仁与朱宸濠经过激烈交战最后将朱宸濠生擒之时,朱的起兵仅仅四十三天。王守仁的文韬武略可见一斑。但是,这次平叛的头功为何却记到武宗皇帝名下?

原来,当王与朱鏖战正酣时,武宗龟缩京城迟迟不敢出兵。一待听说王已获胜,便自封"威武大将军","御驾亲征"了。宦官们在皇帝面前诬陷王可能是朱的同党,迟早必反。更有人已到王的家乡密查其家产。此时的王守仁已是芒刺在背。再三权衡,只得重报捷报,将平叛之功归功于武宗的"皇威神武"……

纪功碑上的字,端庄,严谨,气度不凡,风格在颜、柳之间。它比柳骨更丰满、舒张,较颜筋更秀气、俊朗。这前后矛盾的文字,王守仁用心良苦,其人格精神令人肃然起敬。

董其昌:欧阳公《鹁鸪词》石刻

龙楼凤阁郁峥嵘,深宫不闻更漏声。
红纱蜡烛愁夜短,绿窗鹁鸪催天明。
一声两声人渐起,金井辘轳闻汲水。
三声四声促严妆,红靴玉带奉君王。
万年枝软风露湿,上下枝间声转急。
南衙促杖三卫列,九门放钥千官入。
重城禁籞锁池台,此鸟飞从何处来。
君不见颍河东岸村陂阔,山禽野鸟常嘲哳。
田家惟听夏鸡声,夜夜垅头耕晓月。
可怜此乐独吾知,眷恋君恩今白发。

　　欧阳公鹁鸪词效王建体　董其昌书,丁未夏六月望

此刻原在归宗寺壁上,现保存于县文物站。词为北宋文坛领袖、唐宋八大家之一欧阳修所作。明代董其昌书。

董其昌,字玄宰,号思白,明代松江华亭(今上海市)人。万历进士,授编修,后拜南京礼部尚书。为明代书画大家,时人比之米芾、赵孟頫。

戴第元:冰笏

"冰笏"二字,行草。字在玉渊潭畔石岩上,太史大庾戴第元书。

戴第元,字正宇,清代大庾人,乾隆进士,官至太仆寺少卿。与其弟均元、长子心亨、次子衢亨相继入翰林,时称"江西四戴"。"冰笏"二字写得从容不迫,十分潇洒。它是形容玉渊之瀑,从岩上怒注入潭,其凌空飞跃之状形如百官上朝时所持手板。中国文人传统人生观念、价值取向又一次跃然石上。有学者做过研究,纵观中国古代杰出文人,凡为官从政者,大抵优秀,其间充盈几千年的儒家修养功不可没。古代笏板有象牙质、竹质、木质等,笏板本无好歹,要看何人所持。清朝游牧民族入主中原,因其行为习惯不同而改革,笏板废弃不用。倒是民间唱戏,将所演剧目写于手板,供人点看,亦称"笏板"。做官与演戏混为一谈,正应了"戏台小天地,人生大戏台"的俗语。

冯玉祥:墨子篇

上之为政,得下之情则治,不得下之情则乱。何以知其然也?上之为政,得下之情,则是明于民之善非也。若苟明于民之善非也,则得善人而赏之,得暴人而罚之也。善人赏而暴人罚,则国必治。

古者,天之始生民,未有正长(官长——笔者注)也,百姓为人。若苟百姓为人,是一人一义,十人十义,百人百义,千人千义。逮至人之众,不可胜计也;则其所谓义者,亦不可胜计。此皆是其义,而非人之义,是以厚者有斗,而薄者有争。是故天下之欲同,一天下之义也。

此墨子之言也。昔贤论道经邦,盖欲天下后世知所取法,奠国家于磐石之安。余游匡山,如入桃源,因冀国家之治,安如庐岳。持节墨子之语,镌石于此,以告当世。亦借以志鸿爪云尔。

中华民国二十五年夏日,冯玉祥

隶书。此刻在玉渊潭西侧岩石上,字大如斗,笔笔入石经寸;间矩平直,行列齐整,如庄严威武的战士,凛凛然排满半面岩坡。当时冯玉祥将军在为国难四处奔走,八方呼吁,几度披甲抗日都被迫赋闲之后愤然挥笔。中国如此之大,冯将军为何独独要将肺腑之言镌刻于此,其用意如何？正文后题记:"持节墨子之语,镌石于此,以告当世。"当年蒋介石在庐山上下有几处住所,牯岭的美庐、太乙村的桂庄、玉渊潭下观音桥旁的柳杉辕和秀峰寺中的别墅。玉渊潭边的道路即为往来山上山下的一条古道,为蒋介石的必经之路。1936年夏,冯玉祥将军在北京张家口狙击日军失利后,受蒋介石排挤,被迫告假来到太乙村隐居。将军在此处题词刻石,可谓对蒋介石的"石谏"。那一大片笔力刚健、气势磅礴的摩崖题刻,字字千钧,裂石有声,忧愤和希冀之情溢于言表,其爱国之心、爱民之情,动人心弦,气壮山河。2000年夏,笔者曾在长江瞿塘峡夔门南岸白盐山断壁下,见有冯将军的隶书题刻,其辞只有八个字:"踏出夔巫,打走倭寇。"壮志豪情,一脉相承。

六、从名产技艺中欣赏星子地方艺术

星子形成了一批具有地方特色的文化艺术,其中有国家级非物质文化遗产金星砚、西河戏,有省级非遗——镌石雕刻技艺,还有地方流派的传统武术和特色鲜明的年节文化等。

(一)文房瑰宝

金星砚为星子特产,又名金星宋砚。据说"金星宋砚"四字为宋徽宗所题。金星砚取材于青石,青石学名瓦板岩,呈青色,民间俗称青石。部分石材因其身含金色点纹,所制砚台称金星砚。明清时星子县城曾有制砚一条街——砚池街。民国三年(1914年),星子砚池街"魏仁和"商号的魏瑞和(1892—1949年,星子蓼花人)所制"牧童遥指杏花村"砚,由星子劝学所和县政府送北平参加农商部全国工艺品展览,荣获特别奖。次年,魏瑞和制作的"犀牛望月"砚,由农商部送美国举办的巴拿马万国博览会,获铜质奖。1987年,由星子工艺美术厂制作的"九龟荷叶"砚,参加由国务院轻工业部举办的全国轻工产品展览会,荣获金奖。2006年,星子金星砚雕刻技艺进入国家级非物质文化遗产名录。

（二）传统戏剧

西河戏又称星子戏,俗称大戏,学名弹腔,发轫于古青阳腔,清代同治年间由艺人汤大乐传入星子。汤大乐本是德安高塘人,与星子汤姓同族同谱,所以才赴星子招徒授艺,成立星子县第一个弹腔戏班——星邑义和班。

星子西河戏唱腔以西皮二黄为主,兼以高腔、渔鼓、山歌及民间小调等。其最具特色之处是生、旦真假嗓交替使用,行腔委婉,起伏多变,其中多夹衬词。真假嗓交替使用最见功夫,2015年经江西省赣剧团专家认定,这种唱法为国内唯一。

西河戏深受星子人民喜爱。逢年过节、娶妻生子、公路通车、乔迁新居、金榜题名等,甚至于个别高寿者仙逝,都要搭台唱戏。演员全为业余选手,自发组织,踊跃参加。2009年,星子西河戏进入省级非物质文化遗产名录。2011年,进入国家级非物质文化遗产名录。

（三）镌石技艺

星子北倚庐山,境内有优质石材花岗石和青石,为镌石工艺提供了丰富原材料。

镌石技艺,指用刀、錾等工具在石料表面雕刻图文的工艺。星子镌石工艺有三类:

一类为摩崖刻石。因星子地理位置,历代文人墨客浏览庐山者不计其数,其所题咏需刻石纪念,造就了星子历代镌石工匠。星子最早的镌石记录可追至远古时期。据同治《星子县志》、《庐山志》所引《水经注》记载,夏禹治水时曾登临庐山南麓紫霄峰,刻字于石室中,计70余字,奇古不可辨。方志另载,在庐山主峰汉阳峰下的紫霄岩,有大禹治水时留下的手迹100余字石刻,可辨者仅"洪荒漾予乃撵"六字。自唐至五代,星子镌石工艺已具有较高水准,至宋代,其技艺已非常成熟。现存摩崖石刻较为集中之处是秀峰、白鹿洞书院和玉帘泉等地,均为国家级文物保护单位。

另一类为碑刻。碑刻主要以横塘、华林等地所产青石为原材料,所刻多为历代文人墨客游览庐山南麓星子境内风景名胜所题咏。碑刻主要分布秀峰寺、万杉寺、白鹿洞书院等地,现存以白鹿洞书院为最。

第三类为雕刻。雕刻以花岗石为主,有石像、石狮、石磨、石碾、门当、门槛、柱础、望山等。古时南康府(星子县)城多牌坊,基本以花岗石雕刻,其工艺复杂,花样繁多,十分精美。现代星子石雕依然是本县一大产业,产品丰富多样,借助现代技术设备,工艺水平产生质的飞跃。2012年,星子镌石工艺进入省级非物质文化遗产名录。

星子还有武术、龙灯、龙舟、舞狮等极富地方特色的民间艺术,因本系列丛书另有一专辑,在此不述。

参考资料

《星子县志》,清同治版

《南康府志》,明天一阁版

袁晓宏、李霞校注:《南康府志》,清康熙版,北方联合出版传媒(集团)公司万卷出版公司,2018年

查勇云、陈林森点校:《南康府志》,清同治版,江西高校出版社,2016年

《德化县志》,清同治版

徐新杰:《庐山名胜石刻》,江西人民出版社,1996年

李国强、王自立:《历代名人与庐山》,江西人民出版社,1981年

冯兆平、胡操轮:《庐山历代诗选》,江西人民出版社,1980年

戴和君:《九江史话》,社会科学文献出版社,2014年

景玉川、罗环:《庐山风景话趣》,大众文艺出版社,2004年

马雪松等:《星耀鄱湖　辉映匡庐——星子旅游概览》,百花洲文艺出版社,2000年

《可爱的家乡——星子县》,团结出版社,1990年

袁晓宏:《匡庐作证——庐山山南抗战纪实》,江西美术出版社,2015年

吴国富:《陶渊明寻阳觅踪》,江西人民出版社,2007年

康震:《康震评说苏东坡》,中华书局,2008年

孔德墉:《孔子世家谱》,文化艺术出版社,2009年

政协九江市浔阳区文史资料委员会:《浔阳拾遗》,2013年

周銮书、孙家骅、闵正国、李科友主编:《千年府学——白鹿洞书院》,江西人民出版社,2003年

吴国富编纂:《新纂白鹿洞书院志》,江西人民出版社,2015年

后　记

2015年3月,景玉川先生与本县几位文友商议编一部"山南历史文化丛书"(星子与庐山合并后改名"星子历史文化丛书"),我负责撰写其中《星子史话》一书。

本人虽非生于星子,然而与星子颇有因缘。查诸曲阜所刊《孔子世家谱》,得知先祖于北宋初因慕周濂溪而移居南康军星子县,后代虽迁徙他处,家父竟于1979年春因工作调动携家室定居星子,重回先祖所卜之地。其时,本人未及弱冠,自此在星邑生活工作近四十年,以星子而骄傲自豪。查阅古《南康府志》《星子县志》,先祖孔延之、孔平仲、孔彦况诸公事迹亦一一在册,倍感亲切,且本家与星子首任知县孔宜同为孔子后裔,对星子更添一份情感。

这次编写"星子历史文化丛书",蒙编委、主编抬爱,要我撰写其中《星子史话》,我不揣鄙陋,染翰操觚,遵守通俗、可靠、适中、专题等史话作品要求编撰此册。根据编委会要求,本书内容除个别章节外，以1949年中华人民共和国成立为时间节点。在撰写过程中，应各方要求，数易其稿。因笔者才疏学浅，错讹谬误在所难免，如蒙方家教正，则不胜荣幸之至。

九江市委宣传部常务副部长陈则仁先生于繁忙中为本书写序，我深表感激。

也向给予指导和帮助我的各位先生、朋友致以诚挚的谢意。

2018年5月于斜川之侧

跋

　　星子县依匡庐临鄱阳湖,独特的地理位置与自然风光,使这里名流过往,人文荟萃。从北宋初到1914年,在近千年的岁月里,鱼米之乡的星子一直是南康府(军、路)府治所在地,因而文化底蕴尤为丰厚。可是,随着社会的转型与剧变,我们熟悉的、充满农耕文明诗情画意的家乡渐渐变得陌生。一百多年前,清末重臣李鸿章感叹中国面临"三千年未有之大变局"。改革开放以来,中国社会又一次面临大变:农耕文明渐行渐远,负载着历史信息的物质与非物质传统文化在城乡巨变的进程中逐渐被遗忘,星子也不能例外。

　　文化是一个国家、一个民族的灵魂;文化兴则国运兴,文化强则民族强。为了留住历史的文化基因,感受传统,怀着对家乡历史的深情与敬意,我们抢救性地编写了这部历史文化丛书。因为一旦这一代人老去,要编写这类书就会更加困难。地域文化是历史、地理和行政区划沿革的产物,它基本上沿袭了千百年。一个地域的生态、资源、人口、经济等诸种因素结合在一起,人们在同样的环境中长期交往、聚居,形成了具有自身特色的地域文化。今天,"乡愁"是一个丰富了内涵与扩大了外延的名词,因此这又是一部乡愁丛书,它全景式地展示了星子的历史文化和地域风情,承载着人们对家乡故土的怀念与眷恋。

编写这部书稿的念头始于2014年初。几经筹谋,2015年3月初,我与编委和作者们首聚,定丛书名为"山南历史文化丛书",并对各册编写进行了分工。不久我受邀主编《东林寺志》,不得不将精力放在寺院志上。2016年夏《东林寺志》完稿,我这才有空关注这部丛书。出于诸种缘由,作者与书目后来有所调整:原定程湘达先生辑注的《摩崖碑刻》改由陈再阳负责;李代池先生撰写的《古村集镇》改由我接替。

这部百万字书稿的出版,经费也是一件大事。2016年秋我偶然结识了三叠泉景天旅游公司(今改为北京景天国际旅游开发有限公司)的总经理景艳金,他与我同宗,辈分上属我的小弟。得知这部书稿的经费尚未落实,他慨然应允,这使我放下了心中一桩大事。不料第二年突生变故,景天公司陷入困境,但艳金依然几次表示他的承诺不变。我感激他的担当与文化追求,作者们也加快了丛书的编写进度。

2016年5月30日,星子县与庐山合并,有着一千多年历史的县名从此消失,令人怅然若失。由于这一变化,我们将原来的"山南历史文化丛书"改名为"星子历史文化丛书",以纪念消失的县名。

丛书编委会成员多为星子籍或长期工作在星子的老同志，他们参与了丛书的组织与谋划。编委与作者们分居九江、星子两地，几年来他们共同参加书稿研讨会。欧阳森林先生更是在联络作者、安排会址、搜寻资料等方面做了许多工作。

九江市市长谢一平曾任星子县县长，他对"星子历史文化丛书"的编写与出版给予了肯定和赞许，对此我们表示感谢。

丛书顾问胡振鹏先生曾任江西省副省长，他和我同在星子县城长大，均少时家贫。他居城东南黄家巷，我居东大街。对家乡的历史文化，他一向怀有诚挚的桑梓之情。

我们也感谢庐山天合谷旅游公司对丛书出版的帮助。

丛书的编写与出版得到了江西人民出版社的热情关注与指导，副社长章华荣和责任编辑徐明德、徐旻、陈茜、王珊珊诸君为丛书的出版倾注了大量精力。在此，我们深表谢意。

丛书中有些照片和资料图来源于网络，特此说明并致谢意。也感谢所有为丛书的编写和出版提供帮助的单位与个人。

景玉川

2018年夏于九江

图书在版编目(CIP)数据

星子史话／孔祥金著. －－南昌：江西人民出版社，2019.12
（星子历史文化丛书）
ISBN 978－7－210－11174－0

Ⅰ.①星… Ⅱ.①孔… Ⅲ.①星子县－地方史 Ⅳ.①K295.64

中国版本图书馆 CIP 数据核字(2019)第 024534 号

星子史话

星子历史文化丛书

孔祥金 著
组稿编辑：章华荣
责任编辑：徐　旻
出　　版：江西人民出版社
地　　址：江西省南昌市三经路47号附1号
邮　　编：330006
发　　行：各地新华书店
编辑部电话：0791－88629871
发行部电话：0791－86898815
网　　址：www.jxpph.com
2019 年 12 月第 1 版　2019 年 12 月第 1 次印刷
开　　本：880 毫米×1230 毫米　1/32
印　　张：5.75
字　　数：115 千字
ISBN 978－7－210－11174－0
赣版权登字—01—2019—411
版权所有　侵权必究
定　　价：30.00 元
承　印　厂：南昌市红星印刷有限公司
赣人版图书凡属印刷、装订错误，请随时向承印厂调换